Diversité et lutte contre les discriminations au travail

Catégorisations et usages du droit

LES CAHIERS DE LA LCD

Lutte Contre les Discriminations

Les Cahiers de la LCD– Lutte contre les Discriminations – sont une nouvelle revue dans le paysage universitaire français. Elle s'inscrit à l'intersection d'un double constat ; celui de l'actualité politique et scientifique et d'un manque d'outils permettant à la fois de poser les termes du débat ans l'espace public et de nourrir l'action.

L'enjeu est alors de produire et de diffuser des savoirs académiques et opérationnels afin de lutter contre les discours fantasmatiques qui touchent particulièrement les publics discriminés et/ou discriminables. La revue s'affiche clairement comme outil de prévention, au croisement des questions universitaires, politiques et associatives.

L'ambition assumée de cette revue est à la fois de prévenir, traiter et lutter contre toutes les discriminations de manière multidisciplinaire et interpartenariale.

Johanna Dagorn et Arnaud Alessandrin
Codirectrices de la revue

Dirigé par
Milena Doytcheva

Diversité et lutte contre les discriminations au travail

Catégorisations et usages du droit

LES CAHIERS DE LA LCD
LUTTE CONTRE LES DISCRIMINATIONS

Vol.6

L'Harmattan

5-7, rue de l'Ecole-Polytechnique, 75005 Paris

www.editions-harmattan.fr

ISBN : 978-2-343-14385-9
EAN : 9782343143859

REMERCIEMENTS

Que soient remerciés l'ensemble des contributrices et des contributeurs de ce numéro, ainsi que les évaluatrices et évaluateurs des différents textes. *Les Cahiers de la LCD* remercient tout particulièrement Milena Doytcheva pour la direction et le suivi de ce numéro. Le revue remercie également les éditions l'Harmattan, le CGET et le LACES –Laboratoire Cultures Éducation Sociétés – de l'Université de Bordeaux qui accueille la revue depuis ses débuts. Enfin, nous sommes fier.e.s d'accueillir de nouveaux/nouvelles membres dans nos comités : qu'ils et elles soient les bienvenu.e.s !

SOMMAIRE

Diversité et lutte contre les discriminations au travail. Catégorisations et usages du droit

Milena DOYTCHEVA

Milena Doytcheva est maîtresse de conférences en sociologie, habilitée à diriger des recherches à l'Université de Lille SHS. Ses travaux portent sur les processus de régulation publique de l'ethnicité, dans une perspective européenne et comparée, au prisme des questions de citoyenneté, de multiculturalisme et de diversité. Après s'être spécialisée dans l'analyse des politiques urbaines, elle étudie désormais celles de lutte contre les discriminations et de diversité, notamment en entreprise et au travail. *doytcheva.milena@gmail.com*

L'emploi et le marché du travail constituent des secteurs névralgiques en matière de discriminations. Contrairement à ce que les acteurs économiques ont pris l'habitude d'affirmer, en se cachant derrière la prétendue rationalité de leur projet, les discriminations ne sont pas étrangères à la logique de marché. Elles peuvent lui être fonctionnelles, voire même consubstantielles, phénomène en partie dévoilé par les travaux d'économistes qui, à partir des années 1970, se sont penchés sur le sujet[1]. Par ailleurs, le travail en tant qu'institution sociale demeure un vecteur essentiel d'intégration et de citoyenneté. Les effets délétères d'un déni de justice et d'égalité n'y sont que plus accusés, mettant à mal une norme démocratique essentielle, celle de l'idéal méritocratique, et atteignant les individus au plus profond de leur image de soi et dignité. Par ricochet, ce sont l'ensemble des règles du « vivre-ensemble » et du « faire-société » que de tels actes viennent impacter. Une étude réalisée par « France stratégie » en 2016 chiffre à

[1] Voir notamment l'approche inaugurale que lui consacre Becker G. S. ([1957] 1971), *The Economics of Discrimination* et les corrections apportées par Arrow K. (1972) et Phelps E. (1972) au moment de sa réédition.

150 milliards d'euros la perte pour la collectivité liée aux discriminations[2]. Selon le dixième baromètre du Défenseur des droits, toujours en 2016, un tiers (34 %) de la population active rapporte des discriminations en emploi. La proportion croît encore chez les femmes de 18-34 ans (autour de 53 %) ; diplômées en Master et plus (50 %), en situation de handicap (56 %), racisées (61 %) (DDD/OIT, 2017).

Parallèlement, des opérations de *testing* révèlent l'ampleur des différentiels de traitement en fonction de caractéristiques personnelles prohibées. Ainsi, quand on s'appelle Mohammed, la probabilité d'être contacté à l'issue d'un envoi de CV est presque quatre fois moins forte que si l'on est un candidat homme majoritaire, montre un test de situation portant sur les convictions religieuses (Valfort, 2015). Ce ratio, particulièrement élevé, devient de l'ordre de 2 si l'on intègre les candidates de sexe féminin, majoritaires comme minoritaires. Il place la France au premier rang en Europe, en ce qui concerne la discrimination subie par les personnes originaires des pays à majorité musulmane.

Dans d'autres secteurs, et sur la base d'autres marqueurs de l'origine présumée, des valeurs s'échelonnant entre 1,5 et 1,8 ont été enregistrées : 1,3 en moyenne pour l'opération « d'ampleur », diligentée en 2016 par les pouvoirs publics (avec des « pics » à 1,9 : DARES, 2016).

Les études montrent aussi que les phénomènes discriminatoires, loin de se concentrer à l'étape de la seule embauche, récidivent au contraire tout au long de la trajectoire professionnelle (stages, contrats d'apprentissage, formation, évolution de carrière). De ce point de vue, le *testing* sur CV ne surestime pas la prévalence discriminatoire, mais semble au contraire la sous-estimer (L'Horty, 2016). Pour beaucoup de « candidats » et « candidates », le déclassement constitue bien souvent la seule voie de l'insertion (Doytcheva, 2015 ; DDD, 2016).

De manière attendue, l'emploi fut aussi un des premiers champs pris pour cible par la lutte antidiscriminatoire. Dès 1999, la déclaration de Grenelle des partenaires sociaux montre la voie en ce sens[3], mettant l'accent sur le dispositif du parrainage comme outil privilégié de lutte

---

[2] http://www.strategie.gouv.fr/publications/cout-economique-discriminations

[3] Déclaration de Grenelle sur les discriminations raciales dans le monde du travail, 11 mai 1999.

contre les discriminations au travail. Suivent les « plans locaux » lancés de manière expérimentale dans le périmètre des politiques de la ville (Doytcheva, 2016), puis à partir de 2004, des initiatives privées, venant du monde de l'entreprise prennent le relais, telles la charte et le label Diversité, proposant de transcoder ces nouvelles finalités de l'action publique dans le langage du succès économique. En 2018, vingt ans après les premières impulsions, il nous semble pertinent de regarder avec recul les avancées accomplies, mais aussi les impasses et angles morts, de ce nouveau champ d'action que constitue la non-discrimination.

C'est l'objectif de cette sixième livraison des *Cahiers de la LCD,* dont l'ensemble des contributions s'organisent autour de trois axes, au croisement des sciences sociales et du droit. Le premier concerne l'évolution au cours des vingt années du dispositif juridique antidiscriminatoire, avec notamment la démultiplication des catégories d'intervention, et qui impacte en retour les stratégies des acteurs sociaux et économiques : plus largement, se pose la question de l'articulation qu'il convient d'interroger entre approches normatives et « techniques » de la non-discrimination au travail (I). Notre deuxième axe examine en particulier l'un de ces deux piliers de l'action antidiscriminatoire, à savoir l'effectivité de la norme juridique, en proposant d'appréhender de manière critique l'évolution du contentieux en ce domaine, et les freins qui demeurent à l'action (II). Le troisième revient, enfin, sur le nécessaire développement complémentaire à cette stratégie judiciaire d'une action sociale et politique d'envergure en faveur de l'équité en emploi (III).

1. Catégoriser les discriminations. Catégoriser la diversité

De la loi Pleven de 1972[4], première loi à se référer à la notion de discrimination, à aujourd'hui, le droit français est passé à plus de vingt-cinq motifs ou critères prohibés de discrimination (néanmoins, jamais réunis dans le même texte). Cette logique d'expansion, tant en ce qui concerne la catégorisation des discriminations que l'élargissement des champs d'application (Calvès, 2008 ; Doytcheva, 2009) a-t-elle favorisé pour autant la consolidation de ce nouveau droit antidiscriminatoire ? N'y a-t-il pas eu « surabondance », un

[4] Loi n°72-546 du 1 juillet 1972 relative à la lutte contre le racisme.

« trop plein », des « trop nommés » dans le foisonnement de textes qui se sont succédé depuis la loi du 16 novembre 2001[5], en transposition des directives communautaires ? Quel impact en retour de ces stratégies légistiques et juridictionnelles sur les politiques mises en place par les acteurs sociaux, et plus particulièrement au travail ?

1.1 « Naturalité » versus choix ? : comment rationaliser l'inflation des catégories antidiscriminatoires

Telles sont en tout cas certaines des questions importantes que pose une recherche récente, réalisée dans le cadre de la Fédération Interdisciplinaire de Nanterre en Droit (FIND), qui propose de faire le bilan de vingt ans de politiques jurisprudentielles et publiques, quant aux obstacles demeurant en France à la « *reconnaissance juridique des discriminations* » (FIDH, 2016)[6]. En effet, écrivent les auteurs, si l'on écarte l'« *hypothèse ontologique* », c'est-à-dire qui est liée à la nature même des motifs protégés, il serait tentant de voir en cette tendance à l'inflation des catégories antidiscriminatoires une « *incohérence juridique* », voire un « *un impensé de la part du législateur* » (*ibid.* : 30). On peut en distinguer, selon eux, de trois sortes dans les corpus législatifs étudiés : « *les motifs unanimement consacrés* », ceux « *majoritairement mentionnés* » et enfin les « *minoritairement retenus* ». Le premier ensemble regroupe des catégories comme le sexe, le handicap, l'orientation sexuelle, l'âge, la « race » ou l'origine ethnique, la religion. Dans le second figurent « la grossesse », « l'apparence physique », « le patronyme », « le lieu de résidence », « l'état de santé », les « opinions politiques » et les « activités syndicales ». Enfin, plus rarement libellés, se rencontrent les huit critères restants : les « caractéristiques génétiques », les « mœurs », « la perte d'autonomie », « les convictions », « la maternité », les « activités mutualistes » et les « opinions philosophiques ». À en croire les auteurs, cette démultiplication, voire confusion entre motifs protégés, ne peut être sans incidence. D'une part, en faisant le pari d'un traitement segmenté et discret, elle empêche tant le juge que le législateur d'appréhender des situations plus complexes de discrimination ; d'autre part, et de surcroît, elle

---

[5] Loi n° 2001-1066 du 16 novembre 2001 relative à la lutte contre les discriminations.

[6] http://www.gip-recherche-justice.fr/publication/la-lutte-contre-les-discriminations-a-lepreuve-de-son-effectivite/

peut induire des hiérarchies implicites en matière de lutte antidiscriminatoire, qui impactent tant l'action contentieuse que les stratégies des acteurs économiques.

En effet, d'un point de vue juridique, les différences de traitement entre critères prohibés n'ont rien d'évident. Afin de proposer un début d'explication, les auteurs rappellent l'« *hypothèse ontologique* » : à « *l'inhérence* », c'est-à-dire une « naturalité » socialement construite de certaines (sexe, « race »), ou encore le fait qu'elles soient le fruit d'une assignation collective (âge, origine, religion), s'oppose la dimension transitoire, voire même « choisie » de certaines autres catégories (activités syndicales, opinions politiques, etc.). D'après d'autres propositions typologiques, il serait aussi opportun de distinguer entre motifs qui concernent « la dignité humaine » et ceux, étant davantage affaire de « liberté ». Sans être pleinement convaincantes (par exemple, pourquoi la religion relèverait-elle de l'« inhérence » plutôt que du choix ; inversement, pourquoi l'« apparence physique » ne rentre-t-elle pas dans le premier ensemble), ces analyses ont le mérite de souligner une normativité implicite, sans doute non étrangère à des considérations sociologiques de jugement de valeur et de représentations, dont la lourde conséquence n'est autre qu'une lisibilité et une efficacité réduites du dispositif antidiscriminatoire.

À l'instar du droit européen, le droit français a adopté une approche catégorielle des discriminations, souhaitant déterminer *a priori* les groupes ou les situations « à protéger ». Mais l'approche universaliste du principe d'égalité, qui en favorise une conception formelle dans la doctrine républicaine (Champeil-Desplats, 2016 : 47), semble avoir amplifié cette tendance : l'on recherche la formulation exacte et exhaustive, plutôt qu'une application contextuelle, faite au nom d'une plus grande effectivité. Par le choix de la « *précision du texte* », au détriment de celui de l'« *audace du juge* » (FIND, 2016 : 24), le dispositif juridique français, serait en retrait sur des situations plus complexes de discrimination. Héritée d'une intégration progressive des motifs prohibés, l'approche catégorielle et compartimentée fait l'impasse sur les discriminations multiples (Lanquetin, 2009), intersectionnelles ou cumulées.

1.2 Les hiérarchies inversées de la diversité en entreprise

La compartimentation normative induisant un traitement segmenté a aussi pour conséquence la hiérarchie entre critères prohibés. Celle-ci, déjà stigmatisée à la suite des directives communautaires intervenues en 2000 et des transpositions qui ont suivi (Borillo, 2003 ; Doytcheva, 2009), était appelée en théorie à s'estomper sous les effets des transpositions nationales, allant dans le sens d'une égalisation des protections renforcée (De Schutter, 2008). Or le constat est aujourd'hui réitéré, tant sur le plan juridique (Cour de cassation, 2008 ; Médard Inghilterra dans ce dossier), qu'en ce qui concerne les démarches propres des acteurs sociaux, dont les politiques offrent non sans paradoxe une « image inversée » des hiérarchies juridiques de la non-discrimination.

En effet, nous avons par ailleurs montré (Doytcheva 2009, 2010) comment les acteurs sociaux et les entreprises en particulier, se saisissent du flou entourant le droit des discriminations, travaillent les incohérences juridiques, en préconisant des approches « tactiques », « sélectives » ou « progressives » de la diversité. Nous avons en particulier souligné leur rapport ambivalent à la règle de droit : alors que la conformité légale est dans un premier temps rejetée comme fondement de l'action entrepreneuriale (parce qu'associée à la notion de contrainte, perçue comme contre-productive et étrangère à la « culture d'entreprise »), la mise à distance de l'ordre juridique s'accompagne dans un second temps de son intrumentalisation pratique, afin de démultiplier les champs d'intervention, puis choisir entre des sujets définis comme « prioritaires ». Malgré l'avènement d'un nouvel environnement juridico-politique dont ils observent le développement au début des années 2000, les acteurs économiques estiment qu'*« il n'y a pas non plus d'épée de Damoclès au-dessus de leurs têtes »*. Ce sont plutôt des risques de « réputation » et d'« image » qui les poussent à la fuite en avant, vers des politiques *proactives*, adossées à des enjeux économiques, et qui font grand cas des stratégies de communication.

1.3 Soft et hard-law : « Wrestling ground ou pas de deux » ?

Alors que la logique même d'une telle bipartition est très rarement interrogée, ce qui attire de plus en plus l'attention est l'articulation problématique de cette double stratégie d'intervention : entre *hard* et *soft-law*, « *wrestling ground* » (lutte à terre) et « *pas de deux* », pour reprendre la formule proposée par deux chercheurs qui se sont penchés sur l'instrumentation des politiques antidiscriminatoire en France (Gribling & Smith, 2017).

En effet, alors que la régulation est appelée en théorie à renforcer l'application dc la règle juridique, en se portant garante du respect de la réglementation (Alaktiff, Doytcheva, 2018)[7], la priorité donnée aux logiques marchandes dans ce contexte ne finit-elle pas par détricoter la normativité intrinsèque de la loi ?

Réputés pour leur « efficacité », les dispositifs de *soft-law* – prix, trophées, chartes, normes techniques (labels, certificats ou standards) – sont des instruments dépolitisés d'action publique. Ils opèrent un décentrage des sujets, qu'il s'agit d'aborder toujours plus du point de vue de l'entreprise, des actionnaires, des marchés, dans des perspectives non nécessairement congruentes avec les objectifs d'équité. Alors que dans d'autres contextes nationaux, la logique incitative sur laquelle reposent les politiques en faveur de la diversité fait suite à des programmes d'intervention plus coercitifs et à un processus de judiciarisation au long cours de l'action antidiscriminatoire, c'est en l'absence de tout socle stabilisé de politique publique, ainsi que d'une stratégie contentieuse affirmée (Helly, Doytcheva, 2011), qu'en France on donne cours à cette logique. Les effets délétères n'en seront que décuplés : les sciences sociales lèvent en effet de plus en plus le voile sur la domination exercée dans ces processus par les acteurs économiques. Elle rime avec contournement, instrumentalisation des objectifs d'action publique, « auto-production » par les entreprises de « certificats de bonne conduite ». Allant jusqu'à, y compris, brouiller aujourd'hui l'existence et l'incidence mêmes de la norme juridique antidiscriminatoire (Médard Inghilterra, 2018 ; Gribling, Smith, 2017).

---

[7] Selon l'AFNOR (Association Française de Normalisation), une norme est « *un outil de politique publique qui constitue un complément de la réglementation* ». Ces normes techniques forment néanmoins des instruments « *dépolitisés* » d'action publique, qui masquent la domination exercée par les acteurs économiques, chargés de la sorte d'« *auto-réguler* » leurs pratiques (Borraz, 2004 ; De la Broise, Lamarche 2016, cités *in* Alaktiff, Doytcheva, 2018).

La prolifération de normes techniques ces dernières années non seulement marque ainsi la mise à distance ou le dévoiement de l'ordre juridique antidiscriminatoire ; plus, par un effet de boucle et de rétroaction, elle semble avoir contribué au bilan actuel d'un manque de cohérence, voire à l'idée un tant soit peu répandue d'une absence d'effectivité. Aussi, plutôt que la représentation commune d'une réponse « managériale » au nouvel environnement juridico-institutionnel antidiscriminatoire, c'est une relation plus subtile qu'il convient d'envisager entre sanction légale et politiques entrepreneuriales, où ces dernières peuvent potentiellement détricoter ou subvertir la logique de l'ordre juridique. Plus qu'il n'est « managérialisé », celui-ci se trouve menacé d'être évacué ou de devoir s'effacer, au diapason de processus plus vastes de la gouvernementalité néolibérale, axés avant tout sur une « normalité sociale »[8].

2. La dépendance procédurale : quels forums judiciaires pour la lutte antidiscriminatoire ?

En effet, force est de constater que l'exercice de l'action en justice contre les discriminations continue à se heurter aujourd'hui à de nombreux obstacles. Ceux-ci proviennent à la fois de la méconnaissance du droit par les justiciables, du coût de l'action, des difficultés tenant à la production de la preuve.

En matière de droit des discriminations, cette dernière revêt un caractère essentiel et hautement stratégique (Cluzel-Métayer, Mercat-Bruns, 2011 ; Bossu, 2014 ; Latraverse dans ce volume). L'aménagement de la charge de la preuve introduit par la directive 2000/43, sur le modèle de la jurisprudence communautaire en matière d'égalité de traitement entre les femmes et les hommes, a permis de partager le fardeau probatoire entre le plaignant et la partie défenderesse, en l'occurrence l'employeur, en renvoyant à celui-ci, sur la base d'une présomption, l'obligation de prouver que la pratique litigeuse repose sur des éléments « objectifs » et non discriminatoires.

[8] Plutôt que sur l'édiction d'une norme, celle-ci est basée sur la perception de ce qui est « normal », c'est-à-dire répandu, accepté, toléré... dans la société, qu'il s'agira donc de généraliser. Voir sur ces notions et distinctions entre norme, *normation,* normalité et normalisation Foucault (2004 : 64 et sq.).

Cette provision phare du dispositif juridique antidiscriminatoire ne concerne cependant que la matière civile. En droit pénal, c'est le principe de présomption d'innocence qui l'emporte. Dans bien des situations, comme nous le verrons, et malgré tout l'attrait qu'elle continue à juste titre à exercer, la réponse pénale est apparue inadaptée en matière antidiscriminatoire au cours des dernières années.

2.1 La réponse pénale

Elle fut initiée en France dès 1972 et la première loi qui introduit la notion de discrimination, interdisant *interalia* les discriminations raciales. Dans un contexte marqué par l'importance des luttes antiracistes et l'influence des organisations internationales, porteuses d'une vision universaliste des droits humains, le texte opère un marquage idéologique fort par le recours au droit pénal, lesté d'un poids symbolique. Ces origines pénales ont fortement déterminé le droit des discriminations, au point où certains en perçoivent l'influence, y compris en matière de procédure civile en France (Suk, 2008).

En 2004, le rapport Stasi souligne ainsi que la justice pénale est encore privilégiée dans les stratégies contentieuses, alors que les procès civils ou administratifs jouent un rôle restreint. La volonté des associations, qui se constituent partie civile, de tirer parti de la dimension symbolique et de l'impact médiatique du procès pénal participe de cet attrait (Stasi, 2004 : 37 ; Suk, 2008). En dépit d'une progression relative, le nombre de condamnations demeure peu important[9]. Pour le rapporteur, la réussite de l'action se heurte à des difficultés de fond : absence de formation des magistrats, mais aussi de la police judiciaire, faiblesse des sanctions qui diminue leur portée dissuasive, coût pour la victime, tant financier, qu'humain et psychologique. Les chiffres des condamnations ont hélas peu évolué ces dernières années : le rapport annuel de la CNCDH en recense neuf pour discrimination à caractère raciste en 2011[10]. Mais les sanctions en emploi sont encore plus rares, le classement des plaintes est fréquent, le plus souvent pour preuve insuffisante.

En effet, si la preuve est dite libre en matière pénale ce qui permet l'utilisation de moyens non conventionnels (enregistrements,

---

[9] 3 en 1997, 7 en 1999, 16 en 2000, 12 en 2001 et 29 en 2002 (Stasi, 2004 : 37).
[10] 9 en 2012, 7 (2013), 14 (2014), 7 (2015), *cf.* CNCDH (2016 : 185, 250).

informations acquises de façon « illicite ») que n'admet pas la procédure civile, l'absence d'aménagement du fardeau probatoire, et l'importance de la notion d'intention propre à la justice pénale[11], y restreint considérablement la définition de la discrimination. Un terrain peu propice donc au développement du contentieux que la création en 2007 de pôles anti-discrimination au sein des parquets n'a pas fondamentalement modifié. D'autant qu'en matière de discrimination à l'emploi, pas tous les sujets sont couverts par le Code pénal (Latraverse, 2018).

Toutefois, des chercheurs mettent en garde ces dernières années contre un *« renoncement guidé par l'excès de pragmatisme »*. On ne peut totalement écarter, écrivent-ils, que des considérations étrangères à la politique antidiscriminatoire, liées au manque cruel de moyens dont souffre la justice, soient à l'origine de la rareté de la sanction pénale (FIND, 2016 : 116). Malgré les spécificités procédurales, il n'est pas interdit de penser un « dispositif idéal » de lutte contre les discriminations. Pour certains, des possibilités d'alléger le fardeau de la preuve en droit pénal seraient envisageables (Touillier, 2016 ; GELD, 2000 : 50). En attendant, c'est la voie civile qui a vu ces dernières années l'accélération du rayonnement de ce nouveau droit en France (Latraverse, 2018).

2.2 La voie civile

Les premières provisions en droit du travail contre la discrimination sont ici postérieures de dix ans[12]. Dès le départ, et à la différence de la centralité de la question du racisme en droit pénal, en matière sociale, les discriminations raciales sont saisies de façon incidente, à l'intérieur d'une règle générale et parmi d'autres motifs prohibés (sexe, situation de famille, opinions politiques, religion, handicap). C'est d'ailleurs le contentieux pour discrimination syndicale qui permettra à cette voie civile de s'affirmer. Même si, comme le remarque Julie Suk, ironiquement, les recours commencent à réellement se développer seulement après la loi du 16 novembre 2001, conçue en transposition de la directive « race » (Suk, 2008 : 1330).

---

[11] En effet, comme le stipule l'art. 121-3 du Code pénal, « *il n'y a point de crime ou de délit sans l'intention de le commettre* ».

[12] Loi n° 82-689 du 4 août 1982 relative aux libertés des travailleurs dans l'entreprise, dite « loi Auroux ». Elle transpose la directive 1976/207 en matière d'égalité de traitement entre les femmes et les hommes en emploi.

En matière d'égalité professionnelle entre les femmes et les hommes, le principe d'aménagement de la charge de la preuve est, nous l'avons vu, antérieur aux directives européennes intervenues en 2000[13]. L'action contentieuse avant 2005 reste cependant peu importante : en droit « continental » et dans la théorie judiciaire de la procédure civile en France, on ne peut faire sa preuve en demande avec les éléments de la partie adverse. Y compris après transposition des directives européennes, les juges continuent à faire une « *application exigeante* » de l'aménagement du risque probatoire (Stasi, 2004 : 38). En 2006, la chambre sociale de la Cour de cassation enregistre 139 décisions en matière de discrimination, en « *constante augmentation* » (Cour de cassation, 2008 : 89), même si celle-ci « *semble moins exponentielle qu'on aurait pu le penser* ». Ces pourvois aboutissent aussi de manière plus importante à des décisions de rejet : à peine 15 % des décisions en matière de discrimination aboutissent à une cassation (contre 43 % en moyenne devant la Chambre sociale en 2007). Un certain constat du manque d'attractivité de l'action en justice perdure ainsi. L'inactivité des syndicats (Bossu, 2014), l' « habitus *du juge* » (Champeil-Desplats, 2016 ; Andolfatto *et al.*, 2016), mais aussi du professionnel du droit (Leborgne, 2018) font partie des raisons invoquées : plutôt que la non-discrimination, c'est la « rupture d'égalité » que plaident la plupart des affaires recensées. En effet, la vision formelle de l'égalité peut concurrencer l'intégration de la logique juridique de lutte contre les discriminations, même si des interprétations différentes existent à ce sujet dans la doctrine.

Au moment de la qualification, les juges préfèrent, ou ont pris l'habitude, en raison des formations initiales, d'une routine professionnelle, de recourir à des catégories juridiques plus générales : « rupture de l'égalité de traitement », « abus de droit », « ordre public » ou plus récemment « haine raciale », « dignité », etc. (Cour de cassation, 2008 ; Champeil-Desplats, 2016 : 46 ; Andolfatto *et al.*, 2016).

À partir de l'analyse d'un échantillon d'arrêts extraits de la base JURICA pour la période 2007-2010, Évelyne Serverin et Frédéric

---

[13] Directive 1997/80 du Conseil qui codifie la jurisprudence communautaire en matière de preuve de discrimination à raison du sexe. Dans un arrêt important du 23 novembre 1999, la Cour de cassation a directement appliqué ces nouvelles dispositions, en les étendant en 2000 à la discrimination syndicale, avant même que la loi de 2001 ne les ait transposées.

Guiomard (2013)[14] montrent que le référentiel normatif des discriminations en emploi y est concurrencé par celui de l'égalité (« égalité de traitement », « à travail égal, salaire égal »). Alors que ce dernier se caractérise par sa très grande généralité (42 % du corpus analysé), la non-discrimination se présente moins comme un principe, que sous la forme de règle énoncée critère par critère. Les affaires fondées sur des motifs de discrimination ciblée ne sont que 24 % des arrêts, dont 6 % pour « état de santé », 6 % liées au « sexe » et 11 % pour un ensemble composite de quatorze autres motifs. Incluant une période plus récente, le rapport réalisé sous la direction de Bernard Bossu (2014) sur le contentieux de la discrimination devant les cours d'appel, montre un pourcentage d'échec moins important, puisque 47 % des décisions étudiées reconnaissent l'existence d'une discrimination dans les relations de travail[15].

2.3 Portée des stratégies judiciaires

Inexistante il y a trente ans, la problématique de la lutte contre les discriminations semble aujourd'hui omniprésente dans l'ensemble des champs du droit (social, pénal, commercial, civil, de la fonction publique). Mais bien que les textes soient foison, elle laisse aussi un « *goût d'inachevé* » (FIND, 2016 : 45). Si la reconnaissance juridique des discriminations a en France progressé, la volonté du législateur ne semble avoir atteint qu'imparfaitement son but : face aux discriminations multiples, en matière probatoire, de sanctions, dans la préparation des juges à ce type de contentieux, tout se passe comme si, au moment où son institutionnalisation en droit français arrive à maturité, la lutte contre les discriminations se trouvait confrontée à l'épreuve de son effectivité.

Ces résultats sont néanmoins en partie partagés par d'autres études empiriques portant sur le contentieux de la discrimination en emploi,

---

[14] 7 544 arrêts ont été extraits de JURICA, base de données exhaustive des arrêts d'appel pour la période 2007-2010, à partir des mots-clés « discrimination » et « travail égal ». Parmi eux, un échantillon de 2 204 arrêts a intégralement analysé. Ces affaires représentent néanmoins une part très faible du contentieux prud'homal, autour de 2 %, avec un pic à 3,29 % en 2009.

[15] Celle-ci engage principalement les « discriminations syndicales » (46 % des décisions), le genre (24 %), l' « état de santé » (14 %), l'âge 6 %. Les griefs portent d'abord sur le retard d'avancement de carrière (35 %), puis le licenciement (23 %). L'étude repose sur un corpus de 1 578 arrêts analysés, couvrant la période 2006-2013.

notamment aux États-Unis, où celui-ci apparaît également dominé par les actions individuelles, faisant état d'un préjudice spécifique, plutôt que par des logiques plus politiques, visant à dénoncer des règles discriminatoires. Parmi elles, les plus récentes montrent que seulement 6 % des actions lancées en justice arrivent devant les tribunaux (Berrey *et al.*, 2017), et que 4 % environ donnent lieu à des réparations (Sperino, Thomas, 2017). D'autant que, une autre incertitude pèse sur ces questions, indépendante, elle, des contextes nationaux, qui concerne la capacité de la stratégie judiciaire à faire advenir à elle seule l'égalité des chances au travail.

Aux États-Unis où la voie judiciaire a été privilégiée comme réponse principale, même si non exclusive, à la lutte contre les discriminations, ces études récentes tirent la sonnette d'alarme quant à sa capacité très imparfaite à s'attaquer aux ordres de domination qui informent les pratiques discriminatoires. Plutôt que de les déstabiliser ou subvertir, les dispositifs en faveur de l'équité semblent « réinscrire » des mécanismes discriminatoires, en entreprise comme au tribunal. Ce n'est plus telle « bonne pratique » qui se trouve par ricochet porter entrave à la reconnaissance du préjudice subi par les salariés, c'est l'ensemble du système antidiscriminatoire, y compris dans ces fondements juridiques, qui est soupçonné d'implicitement reconduire les hiérarchies et ordres statutaires. D'où la nécessité, écrivent les auteurs, de compléter l'action judiciaire par des programmes sociaux et politiques d'envergure, qui puissent s'attaquer aux fondements même des inégalités[16].

3. Les habits « neutres » de la diversité au travail

Or, en la matière, c'est l'extrême prudence qui marque l'action des pouvoirs publics au cours des dernières années en France. Après la Charte de la diversité, l'avènement du label éponyme n'a pas apporté le remaniement attendu des rapports de force dans le champ, voire a consacré ceux issus des impulsions initiales, penchant très largement, nous l'avons vu, en faveur des intérêts et « libertés » entrepreneuriales. Depuis, la réalisation de *testings* à répétition a du mal à cacher le manque de vision et perspective en matière de politique publique, derrière les déclarations de principes et d'intention.

[16] Voir notre compte rendu dans ce volume.

3.1 Pédagogie versus contrainte : quel positionnement pour les acteurs de la diversité au travail ?

Lancée en 2004 et signée aujourd'hui par plus de 3 600 organisations, la charte fut très souvent critiquée pour son absence d'objectifs et plus encore de résultats mesurés. Si elle a été à l'origine de la révolution idéologique du *business case* (Bereni, 2009) et de celle de la *diversité générique* (Doytcheva *et al.* 2008 ; Doytcheva, 2009), cette action n'a que peu apporté à la réalité des programmes des acteurs économiques, au-delà des enjeux d'image et de communication. Le label conçu avec le soutien des pouvoirs publics, décerné depuis 2008 par l'AFNOR, n'a non seulement pas modifié ces tendances et les stratégies des firmes, mais les a au contraire *normalisées*, via l'édiction d'une norme « technique », qui de fait valide les démarches sélectives et à « géométrie variable » des entreprises. Intéressées par cette *smart regulation* quand cela leur apporte un « *mieux disant social* », les firmes se montrent à nouveau frileuses dès qu'il s'agit de sortir de la communication : les audits sont « *chers* », la procédure « *chronophage* », la démarche non-productive et la commission de normalisation de l'AFNOR, réputée « *rabat-joie* » (Alaktiff, Doytcheva, 2018). En 2015, 380 organisations sont en tout labellisées, indiquant ainsi une progression en « stagnation » que le gouvernement souhaite « redynamiser »[17].

C'est dans ce contexte perçu de stagnation et d'essoufflement des initiatives phares de la décennie 2000 – la charte, puis le label – qu'est installé, en octobre 2014, le Groupe de dialogue inter-partenaires sur la lutte contre les discriminations en entreprise, sous la responsabilité de Jean-Christophe Sciberras. Président de l'ANDRH[18], association qui a co-piloté avec l'État la conception du label, il est investi de la mission de faire valoir une feuille de route sur ces questions, pouvant même conduire, prévoit-on en amont, à de nouvelles initiatives législatives. Pourtant, c'est dans une « *démarche pédagogique* » que la commission choisit d'installer ses travaux (Sciberras, 2015 : 13). Des

[17] Voir notamment le rapport « Comment redynamiser le label diversité. Retours d'expérience des entreprises labellisées », remis au ministre de l'Intérieur et à celui du Travail en 2014, à la suite des travaux réalisés par une commission éponyme (Alakiff, Doytcheva, 2018).

[18] Association Nationale des Directeurs de Ressources Humaines.

actions très générales d'« *information et de sensibilisation* », de communication, puis de formation sont envisagées, dont la récurrence au cours des vingt dernières années ne peut manquer d'interroger (Doytcheva, 2015). Alors que la méthode du « CV anonyme » est officiellement écartée, c'est la pratique d'opérations de *testing* « à grande échelle » qui signe la nouveauté, appelée à « *objectiver d'éventuelles pratiques discriminatoires* » (Sciberras, 2015 : 13), pourtant déjà très largement documentées. Lancée conjointement par le ministère du Travail et celui de la Ville, l'opération produit des résultats médiatisés (DARES, 2016, voir aussi *supra*)[19]. Or, plutôt qu'un instrument de connaissance ou de mesure de progression, le *testing* est un moyen probatoire, de manière privilégiée. Aussi, la plupart des études appuyées sur des *testings* préconisent : la réalisation d'autres *testings* (L'Horty, 2016). Une ligne d'action suivie par l'actuel gouvernement qui, engagé pour la « *rénovation morale des banlieues* », a récemment annoncé « *un plan de lutte contre les discriminations à l'embauche dans les quartiers* »[20].

3.2 Quelle définition des compétences au service de la lutte contre les discriminations ?

La campagne nationale de sensibilisation pour « *déconstruire stéréotypes et préjugés* » fait partie, avec le *testing*, des mesures phares envisagées par la commission. C'est la notion de *compétences* qui retient à ce titre l'attention des pouvoirs publics, présentée comme un outil « neutre », par excellence objectif et technique, qui devrait permettre de rationaliser les processus de recrutement. À noter que, en amont, les praticiens de la diversité explorent déjà très largement cette piste (Doytcheva, 2011, 2015) : par des méthodes d'accompagnement personnalisées, des « ateliers d'image » et autres formes de « travail sur soi », intermédiaires de l'emploi privés et publics, clubs d'entreprises et professionnels des ressources humaines, s'attachent à

[19] Voir aussi, « Discriminations à l'embauche : un *testing* accablant », *Libération*, 16 novembre 2016. [En ligne].

[20] Voir notamment le discours présidentiel à Tourcoing, le 14 novembre 2017, très largement repris dans la presse.

réparer les écarts des minoritaires à une normalité managériale et sociale perçue en matière d'emploi.

Lancée en mai 2016 conjointement par les ministères du Travail et de la Ville, la campagne se déploie via une série d'affiches et interventions éponymes sur les réseaux sociaux. Intitulée « Les compétences d'abord », elle met en avant la notion de « compétences » comme remède présumé miracle à toute forme d'iniquité en emploi. Comme l'écrit Emmanuelle Bruneel dans sa contribution au dossier, la notion est en France « *sacralisée* », devenue l'incarnation par excellence d'une norme qui se veut parfaitement « *neutre* » et universelle, dans une démarche de communication institutionnelle et en l'absence de toute réflexivité à l'égard des pratiques professionnelles. Or, au croisement de la sociologie du travail et de celle du racisme et des discriminations, la pertinence et les limites de cette « catégorie pratique » que constitue la compétence méritent d'être interrogées. En occultant les dimensions avant tout sociales et relationnelles de la *valuation* des aptitudes individuelles, elle peut, utilisée de manière non critique, contribuer à reproduire, voire amplifier les biais qu'il s'est agi de corriger (Doytcheva, 2015). De fait, dans ces travaux de la diversité, d'autres notions que manient les mêmes acteurs en parallèle, dont celle par exemple de « risque psychosocial », sont bien utilisées en tant que marqueur racial, permettant de catégoriser certains *indésirables* en particulier (Quernez dans ce dossier).

Ainsi, tout comme le législateur et le juge manquent l'approche intersectionnelle des discriminations en privilégiant un traitement segmenté et discret, les praticiens de la diversité semblent ignorer celles indirectes et systémiques. Tout se passe comme si l'énoncé et la réaffirmation incantatoires d'une règle générale suffisaient pour en venir à bout des pratiques discriminatoires (Bruneel, 2018). Or, comme le montrent les travaux en psychologie sociale, enjoindre au public de ne pas discriminer peut être contre-productif (Legault *et al.*, cité par Valfort, 2015) : poser une règle générale a hélas peu d'impact en matière de dissuasion, pour prévenir le risque discriminatoire.

3.3 Le blanchiment d'une diversité normalisée ?

Adossée à ces développements, mais pas seulement, s'énonce notre hypothèse d'un *blanchiment* de la diversité normalisée à la française (Doytcheva 2015, 2017) : celle-ci n'est pas pour les femmes voilées, peu en faveur de l'homosexualité, les immigrés, de surcroît clandestins, tendent bien souvent à en être exclus. Les politiques de la diversité « naturalisent » et domestiquent certaines formes de différence et d'altérité, mais pas toutes, au risque y compris de recouper des situations et des logiques discriminatoires[21]. Aujourd'hui le label Diversité n'est effectif que sur trois critères : âge, sexe et handicap, qui sont ceux étayées par des provisions juridiques. Il a peu influencé les pratiques des firmes, définies dans le cadre de démarches sectorielles spécifiques. Consultée en amont, l'AFNOR décourage les entreprises à certifier la diversité ethnoraciale. Dans les termes mêmes de la presse hexagonale, celle-ci est devenue « le parent pauvre » de la lutte antidiscriminatoire[22].

Mais les mêmes processus se lisent au prisme d'autres catégorisations : si la diversité valorise prétendument les « seniors », ce n'est qu'au prix de mieux les distinguer des « vrais vieux ». En effet, à partir du moment où l'individu est perçu de manière privilégiée en termes de « capital humain », de « stock de compétences » ayant vocation à s'apprécier, une logique de tri et de sélection est introduite à l'intérieur même des dispositifs d'action, qui tend à reproduire les hiérarchies statutaires et de valeur qu'il s'est agi au départ de corriger. Or, comme l'affirme Danièle Lochak (2003), une fois reconnue l'impossibilité pratique d'éradiquer les discriminations dans le cadre du marché, il ne reste d'autre solution

---

[21] S'ajoute à ces tensions ou dissonances une tendance à la *naturalisation des compétences* (Scheepers, 2013), tributaire d'une idéologie en termes de « dons », ou du fait qu'elles soient encore trop souvent appréhendées à partir de la métaphore du « moulage ». Or cela ne manque à nouveau d'amplifier les risques discriminatoires: car s'il existe des appartenances « transformables » en compétences, en inversant le sens des causalités, des (non-)compétences pourraient à leur tour se transformer en appartenances. Plutôt qu'un outil de lutte contre les discriminations, utilisées de manières non réflexive et non critique, ces catégories cognitives et d'action peuvent renfermer un danger important de *réification*.

[22] « Les discriminations ethniques au travail, un tabou très français », *L'Express*, 4 février 2016

que de s'en affranchir, à chaque fois que la logique de marché entrave celle d'un égal accès.

Ainsi l'engagement des firmes en faveur de la diversité ne nuit pas à la reconduite des pratiques discriminatoires, comme l'illustre l'exemple de ces *managers* soucieux de prévenir un « *risque psychosocial* », qui en masque un autre, perçu comme « racial » (Quernez, 2018). Chez les professionnels même du droit, le référentiel de la non-discrimination demeure sous-utilisé, plus communément reconverti en « accès aux droits », accompagné d'une définition restrictive de la discrimination et de justifications admises en dérogation (Leborgne, 2018). En effet, en sortant du périmètre des quelques catégories protégées, qui semblent avoir été assorties de règles en matière de qualification des discriminations sur la base d'une jurisprudence, d'autres contiennent d'importantes zones grises. L'« apparence physique » en fait partie : tout en entretenant des liens étroits avec d'autres motifs prohibés, elle illustre la difficulté de la mise en œuvre d'une approche non seulement discrète et catégorielle, mais aussi intersectionnaliste et contextuelle des discriminations (Duflos, Hidri Neys, 2018). Raison de plus pour plaider une simplification ou « la consolidation » du droit des discriminations (Médard Ingilterra, 2018), dans un souci renouvelé de clarté et d'efficacité.

Bibliographie :

Alaktiff J., Doytcheva M. (2018), « *Normation* de la diversité en entreprise : qu'en est-il des discriminations ethno-raciales ? », *à paraître.*

Andolfatto D. *et al.* (2016), *Le principe de non-discrimination : l'analyse des discours*, Mission de recherche « Droit et Justice », Université de Bourgogne, 478 p.

Bereni L., Jaunait A. (dir.) (2009), « Usages de la diversité », *Raisons Politiques*, n° 35.

Berrey E. C., Nelson R. L., Nielsen L.B. (2017), *Rights on trial. How workplace discrimination law perpetuates inequality*, UCP.

Bruneel E. (2018), « Quand montrer c'est ne pas dire : analyse sémiotique comparée de deux campagnes gouvernementales de sensibilisation aux préjugés », *Les Cahiers de la LCD*, n° 6.

Borillo D. (2003) (Éd.), *Lutter contre les discriminations*, La Découverte.

Bossu B. (dir.) (2014), *Les discriminations dans les relations de travail devant les cours d'appel. La réalisation contentieuse d'un droit fondamental*, Mission de recherche « Droit et Justice », Université de Lille 2, 462 p.

Champeil-Desplats V. (2016), « De quelques obstacles conceptuels à la reconnaissance juridique des discriminations », *in La lutte contre les discriminations à l'épreuve de son efficacité* (FIND), pp. 44-60.

Cluzel-Metayer L., Mercat-Bruns M. (2011), *Discriminations dans l'emploi. Analyse comparée de la jurisprudence du Conseil d'État et de la Cour de Cassation*, La Documentation française.

CNCDH (2016), *La lutte contre le racisme, l'antisémitisme et la xénophobie*, La Documentation française.

Cour de Cassation (2008), *Rapport annuel*, 482 p.

DARES (2016), « Discrimination à l'embauche selon "l'origine" : que nous apprend le testing auprès de grandes entreprises ? », *DARES Analyses*, n° 76, 6 p.

DDD (2016), « Résultats de l'appel à témoignages : accès à l'emploi et discriminations liées aux origines », *Études et résultats*, 18 p.

DDD/OIT (2017), « 10e baromètre de la perception des discriminations dans l'emploi », *Études & Résultats*, 28 p.

Doytcheva M. *et al.* (2008), *De la lutte contre les discriminations ethno-raciales à la « promotion de la diversité ». Une enquête sur le monde de l'entreprise*, Université de Lille 3-DREES/MiRE.

Doytcheva M. (2009), « Réinterprétations et usages sélectifs de la diversité dans les politiques des entreprises », *Raisons Politiques*, n° 35, pp. 107-124.

Doytcheva M. (2011), « Intermédiaires et "opérateurs de la diversité" dans les politiques des entreprises », *Sociologies pratiques*, n° 23, pp. 57-68.

Doytcheva M. (2015), *Politiques de la diversité. Sociologie des discriminations et des politiques antidiscriminatoires au travail*, Peter Lang, coll. « Travail et société », 196 p.

Doytcheva M. (2016), « Usages et mésusages des catégories territoriales : les risques d'un retournement idéologique des causalités », *Les Cahiers de la LCD*, n° 1, pp. 51-66.

Doytcheva M. (2018), « Diversité et super-diversité dans les arènes académiques : pour une approche critique », *Sociétés Plurielles*, n° 2. [en ligne].

Duflos J., Hidri Neys O. (2018), « Entre perceptions accrues et recours marginaux : le paradoxe des discriminations à l'embauche selon l'apparence physique », *Les Cahiers de la LCD*, n° 6.

FIND (2016), *La lutte contre les discriminations à l'épreuve de son efficacité. Les obstacles à la reconnaissance juridique des discriminations*, Mission de recherche « Droit et Justice », Université Paris X-Nanterre, 626 p.

Foucault M. (2004), *Sécurité, territoire, population : cours au Collège de France, 1977-1978*, Hautes Études Gallimard-Seuil.

GELD (octobre 2000), *Le recours au droit dans la lutte contre les discriminations : la question de la preuve*, note n° 2, 80 p.

Gribling M., Smith M. (2017), « Wrestling Ground or "Pas de Deux" ? "Hard" and "soft" law approaches to Diversity in France », Working Paper.

Helly D., Doytcheva M. (2011) « La Discrimination et la pluralité culturelle. Des objets de rhétorique des années 2000 en France », *Journal of International Migration and Integration*, 12 (4), pp. 391-409.

L'Horty Y. (2016), *Les Discriminations dans l'accès à l'emploi public*, rapport au Premier ministre, 103 p.

Lanquetin M.-T. (2009), « Égalité, diversité et… discriminations multiples », *Travail, genre et sociétés*, n° 21, pp. 91-106.

Latraverse S. (2018), « 20 ans de non-discrimination en France : du droit aux pratiques », *Les Cahiers de la LCD*, n° 6.

Leborgne M. (2018), « La Justice face aux discriminations : les enjeux d'une reconnaissance », *Les Cahiers de la LCD*, n° 6.

Lochak D. (2003), « Loi du marché et discrimination », *in Lutter contre les discriminations* (Borillo D. (Éd.)), La Découverte.

Médard Inghilterra R. (2018), « Face à la fragmentation matérielle et formelle, plaider la consolidation du droit antidiscriminatoire en France », *Les Cahiers de la LCD*, n° 6.

Quernez E. (2018), « Fournir les codes de l'entreprise à ceux qui en sont éloignés : Construction et mitigation d'un risque socio-racial », *Les Cahiers de la LCD*, n° 6.

Sciberras J.-C. (2015), *Rapport de synthèse des travaux du groupe de dialogue inter-partenaires sur la lutte contre les discriminations en entreprise*, 43 p.

Scheepers J. (2013), *Logiques, formes et enjeux de l'ethnicisation des compétences professionnelles*, Thèse : sociologie, Université de Nice.

Serverin E., Guiomard F. (2013), *Des revendications des salariés en matière de discriminations et d'égalité. Les enseignements d'un échantillon d'arrêt extrait de la base JURICA (2007-2010)*, GIP Justice, U Paris X-Nanterre, 204 p.

Sperino S., Thomas, S. (2017), *How America's courts undermine discrimination law*, OUP.

Stasi B. (2004), *Vers la haute autorité de lutte contre les discriminations et pour l'égalité,* La Documentation française, 129 p.

Suk J. C. (2008), « Procedural Path Dependence : Discrimination and the Civil-Criminal Divide », *Wash. UL Rev.*, vol. 85, n° 6, pp. 1315-1371.

Touillier M. (2016), « Réflexions sur l'opportunité d'étendre l'aménagement du fardeau probatoire en droit pénal », *in La lutte contre les discriminations à l'épreuve de son efficacit* (FIND).

Valfort M.-A. (2015), *Les discriminations religieuses à l'embauche : une réalité*, L'Institut Montaigne, 142 p.

« LES POLITIQUES DE LA DIVERSITE NATURALISENT ET DOMESTIQUENT CERTAINES FORMES DE DIFFÉRENCE ET D'ALTÉRITÉ, MAIS PAS TOUTES, AU RISQUE Y COMPRIS DE RECOUPER DES SITUATIONS ET DES LOGIQUES DISCRIMINATOIRES.

CELA VAUT POUR LES DISCRIMINATIONS ETHNORACIALES, MAIS LES MÊMES PROCESSUS SE LISENT AU PRISME D'AUTRES CATÉGORISATIONS : SI LA DIVERSITÉ VALORISE PRÉTENDUMENT LES "SENIORS", CE N'EST QU'AU PRIX DE MIEUXLES DISTINGUER DES "VRAIS VIEUX"...

EN EFFET, À PARTIR DU MOMENT OÙ L'INDIVIDU EST PERÇU DE MANIÈRE PRIVILÉGIÉE COMME "CAPITAL HUMAIN" OU "STOCK DE COMPÉTENCES" AYANT VOCATION À S'APPRÉCIER, UNE LOGIQUE DE TRI ET DE SÉLECTION EST INTRODUITE À L'INTÉRIEUR MÊME DES DISPOSITIFS D'ACTION, QUI A POUR RÉSULTAT DE REPRODUIRE LES HIÉRARCHIES STATUTAIRES ET DE VALEUR QU'IL S'EST AGI AU DÉPART DE CORRIGER. »

MILENA DOYTCHEVA

Face à la fragmentation matérielle et formelle, plaider la consolidation du droit antidiscriminatoire en France

Robin MÉDARD INGHILTERRA

Robin Médard Inghilterra est ATER à l'Université de Paris Nanterre et doctorant en droit public au sein du Centre de recherches et d'études sur les droits fondamentaux (CREDOF - UMR 7074). Rédacteur d'une thèse portant sur « Les facteurs juridiques de réalisation du droit à la non-discrimination », il s'intéresse notamment aux expériences canadiennes qu'il a pu étudier sur place en tant que coordonnateur du pôle Canada de l'Institut des Amériques de 2014 à 2017. Il a contribué au rapport remis en 2016 par la Fédération interdisciplinaire de Nanterre en droit (FIND) au GIP « Droit et Justice », intitué « La lutte contre les discriminations à l'épreuve de son effectivité : les obstacles à la reconnaissance juridique des discriminations ».
robinmedard@gmail.com

Introduction

L'intelligibilité du droit constitue un précepte essentiel de la légistique formelle en raison de son rôle dans l'amélioration de la communication et de la compréhension des textes législatifs (Flückiger, 2007). Cette préoccupation se manifesta en France dès l'ordonnance de Villers-Cotterêts (art. 110). Plus récemment, l'intelligibilité de la loi fut érigée en objectif à valeur constitutionnelle (décision n° 99-421 DC)[1] qui, selon le Conseil constitutionnel, impose au législateur « *d'adopter des dispositions suffisamment précises et des formules non équivoques* » (décision n° 2006-540), car « *l'égalité*

[1] Vinrent ensuite le principe de clarté de la loi (décision n° 2001-451 DC et décision n° 2001-455 DC), ainsi que l'exigence de non-complexité excessive (décision n° 2005-530 DC). C'est finalement la décision n° 2006-540 DC qui précisa les fondements juridiques de l'objectif à valeur constitutionnelle « *d'intelligibilité et d'accessibilité de la loi* ».

devant la loi [...] et "la garantie des droits" [...] ne seraient pas effectives si les citoyens ne disposaient pas d'une connaissance suffisante des règles qui leur sont applicables et si ces règles présentaient une complexité excessive au regard de l'aptitude de leurs destinataires » (décision n° 2005-530 DC).

Se placer sur le terrain de l'intelligibilité du droit implique en conséquence d'envisager un point de vue externe, celui du destinataire qui déchiffre et interprète l'énoncé. Dans la mesure où l'intelligibilité est à apprécier au regard des capacités du destinataire et non de celles de l'autorité normative (Molfessis, 2004 ; Rrapi, 2014 ; Jennequin, 2009), le législateur doit intérioriser ce point de vue afin de travestir le regard qu'il pose sur son texte (Frison-Roche, Baranès, 2000). Ce processus entraîne alors un recadrage autour des notions de lisibilité et de compréhensibilité du droit (Laserre-Kiesow, 2002 ; Frison-Roche, Baranès, 2000) qui conditionnent son effectivité, car « *seule la loi claire, simple, limpide, transparente, compréhensible de tous peut être respectée, devenir efficace et assurer ce que l'on peut attendre du droit* » (Malaurie, 2005 : 131).

Or, en matière de lutte contre les discriminations, précisément, force est de constater qu'une des principales difficultés réside dans la méconnaissance et la complexité excessive des règles antidiscriminatoires. Affaiblies, celles-ci se voient privées de leur plein potentiel et renforcent un phénomène de non-recours au droit. C'est du moins ce que suggèrent le Défenseur des droits (DDD, 2015) et l'Agence des droits fondamentaux de l'Union européenne. Une étude de 2010 situe notamment la méconnaissance des dispositifs juridiques et la complexité des recours respectivement aux troisième et cinquième rangs des principales causes de non-signalement. En effet, 36 % des personnes s'estimant discriminées mais ayant refusé de signaler cet agissement, déclarent s'abstenir en raison de la méconnaissance du cadre juridique. En parallèle, 21 % des personnes concernées imputent leur absence de signalement à la complexité du dispositif (FRA, 2010).

Force est de constater que le dispositif antidiscriminatoire est difficilement accessible, y compris pour le juriste. Selon l'hypothèse que nous proposons de développer dans cet article, cette inaccessibilité est soutenue par une double dynamique de fragmentation, matérielle et formelle, du droit antidiscriminatoire (1).

Tirant les enseignements de ces carences, nous soulignons dans un second temps que la situation française pourrait fort bien trouver quelques perspectives intéressantes en s'inspirant d'expériences étrangères de *consolidation* du droit antidiscriminatoire (2).

1. La fragmentation du droit antidiscriminatoire

Pour mener cette analyse, la grille de lecture esquissée par le Conseil constitutionnel dans sa décision du 29 décembre 2005 pourrait nous servir de point de départ. Dans cette décision, il distingue deux entraves essentielles à l'intelligibilité de la loi : la complexité et l'absence de connaissance suffisante des règles applicables. La complexité entrave l'accessibilité intellectuelle du droit, c'est-à-dire sa lisibilité, sa « *compréhensibilité* » (Jennequin, 2009), notamment dans l'hypothèse d'une disparité des régimes juridiques (a). Quant à la méconnaissance, elle résulte fréquemment d'une inaccessibilité matérielle de la règle de droit, en cas de dilution, de dispersion formelle des dispositions pertinentes (b).

1.1 La disparité des régimes juridiques

L'étude du droit antidiscriminatoire révèle en effet une certaine hétérogénéité des régimes juridiques. Il en va ainsi en premier lieu de la différentiation des obligations en fonction de la nature publique ou privée du destinataire de la règle de droit. Cette différentiation est d'autant plus importante qu'elle affecte la prohibition même de la discrimination. En effet, la variété des définitions de la discrimination crée un décalage entre la protection accordée aux travailleurs soumis au Code du travail et celle concédée aux fonctionnaires soumis au droit statutaire. L'article L. 1132-1 du Code du travail énonce une protection structurée autour de vingt-trois motifs de discrimination, quand les articles 6 et 6 *bis* de la loi Le Pors du 13 juillet 1983 ne protègent les fonctionnaires qu'à raison de seize motifs. De même, *quid* des protections additionnelles offertes par les articles L. 1132-2, L1132-3-1 et L. 1132-3-2 du Code du travail[2]. Celles-ci demeurent à

---

[2] Protégeant de la discrimination, respectivement, en raison de l'exercice normal du droit de grève, de l'exercice des fonctions de juré ou de citoyen assesseur, pour avoir refusé en raison de son orientation sexuelle une mutation géographique dans un État incriminant l'homosexualité. La protection énoncée par l'art. L. 1132-3 (pour avoir témoigné ou pour avoir relaté des agissements de discrimination) est quant à elle reprise à l'art. 6, al. 5, 3°. Celle énoncée par l'art. L. 1132-3-3 (pour avoir relaté ou

ce jour ignorées de la loi Le Pors portant droits et obligations des fonctionnaires (Slama, 2016). Par ailleurs, bien que leur énumération soit non exhaustive, les matières pour lesquelles la discrimination en emploi est explicitement prohibée diffèrent. Si les textes se rejoignent pour cibler la rémunération, la formation, la promotion, l'affectation et la mutation, seule la loi Le Pors cible le recrutement, la titularisation, l'évaluation, la notation et la discipline. Quant à l'article L. 1132-1 du Code du travail, il préfère souligner l'interdiction de la discrimination au regard des mesures d'intéressement ou de distribution d'actions, de reclassement, de qualification, de classification ou de renouvellement de contrat. Le problème n'est pas tant que ces différences coexistent au sein d'un même ordre juridique, mais qu'elles soient dénuées de justification et entravent la lisibilité du droit antidiscriminatoire de manière superflue.

On retrouve également cette disparité en ce qui concerne les personnes morales. Ainsi, l'obligation de formation quinquennale à laquelle sont soumises les entreprises de plus de trois cents salariés et celles spécialisées dans le recrutement (L. 1131-2, Code du travail) ne s'applique pas à la fonction publique. Seuls certains employeurs publics ayant ratifié la Charte pour la promotion de l'égalité dans la fonction publique s'engagent – volontairement – à assurer « *des actions de formation ou de sensibilisation adaptées* ». Cet équivalent n'est toutefois ni généralisé ni obligatoire. Inversement, la loi impose au Gouvernement de publier tous les deux ans un rapport faisant état de la prise en compte de la diversité dans les trois fonctions publiques[3], alors que les entreprises sont exemptées de cette obligation légale. Tout au plus peut-elle être rapprochée du point six de la Charte de la diversité, applicable aux seuls signataires, qui prévoit d'inclure dans le rapport annuel d'entreprise « *un chapitre descriptif de* [l']*engagement de non-discrimination et de diversité* ».

Entre les entreprises, sont susceptibles d'exister, en outre, des variations légales en fonction de leur nature ou du nombre de salariés (plus de trois cents ou cinq cents salariés, chiffre d'affaires de plus de cinquante millions d'euros ou non). Les raisons de ces variations se

témoigné, de bonne foi, de faits constitutifs d'un délit ou d'un crime dont il aurait eu connaissance dans l'exercice de ses fonctions) est reprise par l'art. 6 ter A de la loi du 13 juillet 1983.

[3] Art. 158 de la loi n° 2017-90 relative à l'égalité et à la citoyenneté.

logent pour partie dans le droit de l'Union européenne[4]. En parallèle des obligations légales, la *promotion de la diversité* s'avère également un territoire fertile à la prolifération de « *bonnes pratiques* », d'« *initiatives* », de « *dispositifs* ad hoc », de « *plans* », de « *chartes* » ou « *labels* », d'accords, etc. (Lanquetin, 2010 ; Gauriau, 2008 ; CAS, 2010). Or, ces « *boîtes à outils de la diversité* » (Bonnard-Plancke, Verkindt, 2006) – ainsi que plus généralement la multiplication d'initiatives et de dispositifs en dehors du cadre légal – s'avèrent elles aussi vectrices d'un éclatement des obligations antidiscriminatoires. La Charte de la diversité et le label Diversité décerné par l'AFNOR se sont néanmoins progressivement affirmés comme des piliers du développement managérial, fédérant les initiatives entrepreneuriales (Doytcheva, 2010 ; Senac, 2015 ; Lanquetin 2010).

Aussi fédératrices soient-elles, ces initiatives doivent être situées dans un contexte spécifique. En effet, leur développement fut accéléré au moment de l'adoption des directives communautaires et de l'émergence d'un corpus juridique/légal de lutte contre les discriminations en France. Certaines analyses ont alors estimé que, « *dans ce contexte de* hard law*, on comprend mieux l'enjeu et l'intérêt pour les entreprises de s'engager dans des* soft law *de la diversité pour prévenir des recours* » devant les juridictions (Junter, Sénac, 2010 : 176). La cohabitation des instruments légaux et de *soft law*, voire « *la mise à distance du droit* » opérée par ces derniers (Doytcheva, 2010), se mue en source de tension entre, d'une part, une législation moderne et imparfaite à la recherche de son effectivité et, d'autre part, une régulation accommodante, présentée comme plus efficace en raison de son adéquation aux logiques du monde entrepreneurial. L'empire de la loi se trouve supplanté par celui des objectifs managériaux qui aboutissent à une « *dépolitisation de la question des discriminations* » (Bénichou, 2011 : 465). De surcroît, ces initiatives sont le plus souvent évaluées sans externalisation du contrôle de la réalisation des objectifs[5]. Dès lors, comment mesurer les

---

[4] Par exemple, la directive 2014/95/UE du Parlement européen du 22 octobre 2014 modifiant la directive 2013/34/UE en ce qui concerne la publication d'informations non financières et d'informations relatives à la diversité par certaines grandes entreprises et certains groupes.

[5] Tel est le cas de la Charte de la diversité. Le label Diversité possède en théorie la qualité d'être davantage contraignant, plus précis, de reposer sur un processus

progrès accomplis ? De même, en l'absence de valeur contraignante, comment ne pas assimiler cette autorégulation à un « *alibi tendant à faire croire à une moralisation de la vie économique qui n'existerait que sur le papier* » (Delmas-Marty, 2004 : 249 ; Junter, Sénac, 2010) ? Quelles que soient les réponses apportées à ces questions, la démultiplication des sources de régulation/réglementation contribue, elle aussi, à la difficile lisibilité du droit.

Enfin, il était possible de constater jusqu'en novembre 2016, date d'entrée en vigueur de la loi de modernisation de la justice au XXIe siècle, une forte segmentation des champs d'application de l'interdiction de la discrimination en fonction des différents motifs. La perte d'autonomie, les convictions ou la maternité ne relevaient pas explicitement de la protection du Code pénal. Le patronyme, l'apparence physique, la situation de famille, les caractéristiques génétiques, les mœurs, les opinions politiques, les activités syndicales, l'appartenance à une nation et la perte d'autonomie étaient quant à eux exclus de l'article 2 de la loi du 27 mai 2008 qui renforce la protection civile – notamment au-delà du secteur de l'emploi. Si bien que seuls les motifs de l'ethnie, la race, la grossesse et la maternité trouvaient à s'appliquer en matière de protection sociale, de santé, d'avantages sociaux, d'éducation, d'accès et de fourniture de biens et services en droit civil. Les autres motifs étaient, de fait, bornés au champ d'application de la directive 2000/78/CE – celui du travail[6]. À cet égard, fut à juste titre dénoncée une « *transposition aveugle* » aboutissant à l'instauration d'une « *hiérarchie entre les discriminations* »[7]. Cette incohérence a nui, en effet, à la clarté du dispositif antidiscriminatoire de manière superfétatoire, en alimentant la variabilité des protections en fonction des caractéristiques ciblées.

Plus largement, comme le rappelle Bruno Oppetit, en France, le droit moderne – et le droit antidiscriminatoire ne saurait y faire exception – « *se compose désormais d'une myriade de lois spéciales et catégorielles, changeantes car résultant de compromis fragiles entre intérêts antagonistes des groupes sociaux ou économiques : ces textes*

---

d'évaluation externe. Des données manquent en revanche sur la qualité des « audits » réalisés.

[6] Une exception s'avérait être celle du motif « sexe », jouissant d'un statut hybride et voyant son champ d'application étendu à l'accès et la fourniture de biens et services

[7] Voir les débats parlementaires et not. (mercredi 26 mars 2008) *JORF*, n° 15 [2] AN (CR), p. 920 (allocution de Martine Pinville).

prétendent s'ériger en innombrables micro-systèmes autonomes les uns à l'égard des autres, sans la contrainte d'obéir à une rationalité globale ». Poursuivant, il conclut : « *on ne saurait manquer de déplorer un pareil désordre législatif et réglementaire en ce qu'il révèle la perte de maîtrise des gouvernants sur l'évolution du système juridique* » (Oppetit, 1994 : 11). Or, en matière de non-discrimination, cette fragmentation matérielle de la substance du droit se trouve de surcroît doublée d'une dilution formelle, causée par la multiplicité des textes-sources, comme nous proposons de le voir dès à présent.

1.2 La dilution formelle du droit antidiscriminatoire

En premier lieu, le droit antidiscriminatoire applicable en France repose pour partie sur des instruments juridiques internationaux : la Déclaration universelle des droits de l'homme (1948), le PIDCP (1966), le PIDESC (1966), LA Convention internationale pour l'élimination de toutes formes de discriminations raciales (1969), celle sur l'élimination de toutes les formes de discrimination à l'égard des femmes (1981), celle relative aux droits des personnes handicapées (2008), ou encore les conventions n° 100 (égalité homme/femme en emploi, 1953) et n° 111 (Emploi, 1960) de l'OIT. S'ajoute à ces dispositions internationales un corpus juridique issu du droit européen et du droit communautaire. Il s'agit principalement de la Charte des droits fondamentaux de 2000 (art. 21), de la Convention européenne (CEDH, art. 14), du Traité de Rome de 1957 (art. 119) et du Traité d'Amsterdam de 1997 (art. 13). À ces textes, situés au cœur de la construction européenne, s'ajoutent plusieurs directives du Conseil – partiellement transposées – telles la directive 2000/43/CE (race et origine ethnique), la directive 2000/78/CE (emploi), la directive 2002/73/CE (égalité femmes/hommes en emploi), la directive 2004/113/CE (égalité femmes/hommes pour l'accès et la fourniture de biens et services), ou encore la directive 2006/54/CE (refonte – égalité femmes/hommes en emploi).

Aussi épars que cruciaux, ces textes doivent être lus et combinés avec les dispositions issues de l'ordre juridique interne. Il est d'abord question des énoncés du bloc constitutionnel : Constitution de 1958 (art. 1), préambule de la Constitution de 1946 (alinéas 1, 3 et 5), DDHC (art. 1 et 6). Il s'agit ensuite de ce qui pourrait être désigné comme le « noyau législatif » du droit antidiscriminatoire, soit les articles 225-1 à 225-4 du Code pénal, les articles L. 1131-1 à L. 1134-

5 du Code du travail, la loi du 13 juillet 1983 portant droits et obligations des fonctionnaires, ainsi que la loi du 27 mai 2008 portant diverses dispositions d'adaptation au droit communautaire dans le domaine de la lutte contre les discriminations. Ces derniers éléments se trouvent codifiés ou consolidés au sein de textes identifiables et relativement lisibles en soi. Alors, l'accessibilité du droit antidiscriminatoire serait probablement aisée si les énoncés juridiques y concourant ne s'épanchaient pas de manière hémorragique au-delà des textes susmentionnés.

Or, régulièrement, des lois se succèdent pour inscrire des avancées supplémentaires qui, certes, doivent être saluées sur le fond, mais qui sur la forme, se font au prix d'un renforcement de l'éclatement du droit antidiscriminatoire. Il est en effet possible de dénombrer, *a minima*, une vingtaine de lois, de nature diverse, qui recèlent des dispositions pertinentes[8]. La simple lecture de cet égrenage, qui se borne à une approche législative non-exhaustive[9], aura le mérite de souligner la dimension fastidieuse à laquelle se trouve confronté celui ou celle qui désire prendre connaissance du contenu du droit antidiscriminatoire (Fercot, Pichard, 2015). Cependant, il ne s'agit là que de la simple identification des textes-sources et non des dispositions qui, seules, demeurent en mesure de conférer la substance juridique. Or, dans les textes identifiés, cette substance se trouve fréquemment, elle-même, dans un état de dilution avancée.

Au sein des lois identifiées (note 8), la concentration d'énoncés relatifs à la non-discrimination est extrêmement variable. Certains textes sont entièrement composés d'énoncés pertinents (loi du 27 mai 2008) ; d'autres ne concernent la lutte contre les discriminations que de manière connexe, voir incidente (loi du 17 janvier 2002 de modernisation sociale). En outre, douze des lois identifiées sont composées exclusivement de dispositions codifiées et sont en conséquence uniquement porteuses de règles de droit immergées dans un autre instrument juridique que la loi elle-même. L'accessibilité cognitive des règles de droit s'en trouve complexifiée dès lors que leur

---

[8] Par exemple, lois n°s 72-546, 72-1143, 82-689, 83-635, 90-615, 89-462, 87-517, 2000-493, 2001-397, 2001-1066, 2002-73, 2003-88, 2004-204, 2005-843, 2006-340, 2006-396, 2008-496, 2011-333, 2011-334, 2014-873, 2016-1547, 2017-90.

[9] En effet, s'ajoutent à ces sources légales des sources règlementaires (décrets n°s 2003-1164, 2006-945, 2008-799, 2008-1344, 2014-385), ainsi que les directives pénales.

contenu, souvent technique, doit être appréhendé dans un cadre spécifique. Quant aux lois restantes, huit sont des lois « mixtes », c'est-à-dire alternant entre dispositions codifiées et non codifiées[10], et trois seulement sont uniquement composées de dispositions non-codifiées[11]. L'enthousiasme est en conséquence indispensable pour qui souhaite s'atteler à la tâche ardue et chronophage consistant à dresser une liste exhaustive des énoncés juridiques pertinents.

Si la matière, relativement conséquente, permet de conclure à l'existence d'un droit antidiscriminatoire substantiel, celui-ci n'est en revanche que le fruit d'une institutionnalisation juridique sauvage, qui impacte négativement sa présentation formelle et sa lisibilité. À cet égard, d'aucuns ont souligné « *une profusion contre-productive des textes antidiscriminatoires* », ainsi qu'une « *stratification des textes sans grande lisibilité* » (Slama, 2016). Après une analyse méticuleuse des avancées en droit pénal, social, public et communautaire, Serge Slama conclut avec justesse que « *l'appareil normatif antidiscriminatoire actuel n'est pas le résultat d'une réflexion visant à lui assurer une certaine unité, mais constitue uniquement le résultat de différentes couches et sous-couches législatives qui se sont accumulées ces trente dernières années rendant peu lisible ce droit* » (Slama, 2016). Nous souscrivons ici à cette analyse de la stratification des énoncés comme facteur d'ineffectivité du droit antidiscriminatoire, dans la mesure où cette complexité ne favorise ni sa connaissance, ni sa mobilisation. En entravant la réception sociale et la mobilisation du droit, ces dispositions manquent donc leurs contributions supposées à la réalisation de ce droit.

2. Pour une consolidation du droit antidiscriminatoire

De ce constat émerge l'hypothèse d'une restructuration formelle du dispositif antidiscriminatoire. Dans cette optique, c'est essentiellement la pertinence d'une forme de codification[12] qu'il convient d'interroger,

---

[10] Lois n°s 82-689, 2002-73, 2006-396, 2008-496, 2011-334, 2014-873, 2016-1547, 2017-86.

[11] Lois n°s 72-1143, 89-462, 2011-333.

[12] La codification étant entendue ici au sens large comme la « *collection de dispositions légales, portant sur une matière de législation positive déterminée dans ses contours par une idée générale qu'exprime ordinairement le titre donné au code lui-même* » (Collectif (2004), *Le Code civil, 1804-1904. Livre du centenaire*, Dalloz, 2004, t. 1, p. 4 et s.).

considérant avec le Conseil constitutionnel que ce processus « *répond au demeurant à l'objectif de valeur constitutionnelle d'intelligibilité et d'accessibilité de loi* » (décision n° 99-421 DC). Selon les cas, la codification peut revêtir différentes formes. Les expériences étrangères sont à cet égard riches d'enseignements. Elles ont jusque-là privilégié une forme spécifique de codification du droit antidiscriminatoire : la « consolidation », qui vise la réunion et l'ordonnancement de dispositions relatives à une même matière au sein d'une seule et même loi.

2.1 Les initiatives étrangères de rationalisation du droit antidiscriminatoire

En écho à la fragmentation du dispositif antidiscriminatoire, le Canada, très tôt, fit le choix de la consolidation. Chronologiquement, le processus peut être divisé en trois périodes : l'émergence déstructurée des premières lois à partir de 1932 ; la cristallisation législative via l'expérience ontarienne du premier Code des droits de la personne en 1962 ; enfin, la propagation dans les deux décennies suivantes de cette innovation. Aussi bien en ce qui concerne l'émergence initiale des lois antidiscriminatoires que le phénomène ultérieur de leur consolidation, l'Ontario a été une province véritablement motrice au Canada. Ce *leadership* s'est affirmé dès 1932, avec l'adoption de la première loi antidiscriminatoire, *l'Ontario Insurance Act,* interdisant la prise en compte de la race ou des croyances religieuses comme facteurs légitimes de calcul du risque en matière d'assurance. En 1944, le *Racial Discrimination Act* prohibe les publications et affichages favorisant la discrimination raciale dans l'espace public et les propriétés privées. Quant à la Colombie-Britannique, elle se distingue par l'interdiction de la discrimination dans l'attribution de fonds gouvernementaux pour les projets de travaux publics (*Unemployment Relief Act*, 1932) et dans l'administration des programmes d'assistance sociale (*Social Assistance Act*, 1945). Et mise à part l'initiative notable du *Saskatchewan Bill of Rights Act* (1947), le reste fut une succession de lois adoptées en Ontario, puis reprises progressivement par les différentes provinces canadiennes (*Conveyancing Act*, *Fair Employment Practices Act*, *Femal Employees Fair Remuneration Act, Fair Accommodation Practices Act, Anti-Discrimination Commission Act*, etc.).

Néanmoins, face à l'ineffectivité manifeste de ces lois (Morin, 2012 ; Clément *et al.*, 2012), en 1962, l'Ontario fait le choix d'abroger la plupart d'entre elles pour consacrer en lieu et place le premier Code des droits de la personne (*Human Rights Code*) au Canada, qui transpose intégralement le contenu des lois abrogées, en prohibant toute discrimination fondée sur la religion, la race et l'origine ethnique, dans les domaines du logement, de l'emploi et des services. À ces dispositions, trois innovations majeures furent ajoutées : la création d'un mécanisme extrajudiciaire de règlement des litiges, la mise en place d'une institution de promotion de l'égalité et l'adoption de mesures de redressement proactives et systémiques (Clément *et al.*, 2012). Par la suite, le Code ontarien des droits de la personne fut régulièrement amendé afin d'enrichir la liste des motifs potentiels de discrimination ou de transformer, en 2002, l'ancien *Board of Inquiry*, organe *ad hoc,* en véritable Tribunal des droits de la personne. La dernière réforme du Code ontarien par le *Bill 107*, entré en vigueur en 2008, fut sans doute la plus importante. À la suite de l'expérimentation ontarienne, les diverses lois provinciales furent progressivement remplacées, soit par des lois de consolidation, soit par des codes antidiscriminatoires (*Alberta Human Rights Act,* 1966 ; *British-Columbia Human Rights Act*, 1969, puis *Human Rights Code,* 1973 ; Charte québécoise des droits et libertés de la personne, 1975 ; etc.). Ces différents textes ont progressivement été amendés en vue de renforcer le dispositif, notamment par le développement des mécanismes de contrôle et de promotion des droits. Au-delà des éventuelles carences de fond, tous possèdent le mérite de formuler un dispositif clair, cohérent, lisible et accessible. Certains sont exhaustifs, d'autres doivent être combinés avec quelques lois satellites, plutôt rares, et pour la plupart relatives aux mesures proactives d'accès à l'égalité en emploi.

La consolidation du droit antidiscriminatoire ne s'est toutefois pas limitée au Canada, et les expériences australiennes ou néo-zélandaises fournissent d'autres illustrations de ce processus juridique. Certes, à ce jour, l'État fédéral australien n'a pas encore emprunté le chemin de la rationalisation du dispositif juridique, qui demeure caractérisé par plusieurs lois sectorielles[13]. En revanche, la totalité des États fédérés

[13] *Racial Discrimination Act*, 1975 ; *Sex Discrimination Act*, 1984 ; *Human Rights Commission Act*, 1986 ; *Disability Discrimination Act*, 1992 ; *Age Discrimination Act*, 2004.

et les deux principaux Territoires australiens ont, entre 1977 et 1998, tous opté pour un unique instrument législatif, regroupant les règles de droit pertinentes sous la dénomination *Anti-Discrimination Act* ou *Equal Opportunity Act*. Le contenu varie légèrement en fonction de la loi envisagée, mais toutes reprennent pour l'essentiel les modèles canadiens structurés autour de quatre éléments cruciaux : la déclinaison des formes de discrimination ; l'énumération et la définition des caractéristiques protégées ; la précision des domaines au sein desquels la discrimination est prohibée ; et, enfin, l'institutionnalisation d'organismes spécialisés, le plus souvent une commission et un tribunal chargés de veiller au respect de la loi et à son exécution. La même démarche fut globalement suivie en Nouvelle-Zélande dans le cadre du *Human Rights Act* de 1993. À l'instar du Canada, malgré un titre suggérant un champ d'application plus large, cette loi vise exclusivement l'interdiction de la discrimination. L'analyse des expériences étrangères permet donc la mise en évidence de régularités facilitant la systématisation du contenu des lois antidiscriminatoires consolidées.

Ce processus de rationalisation juridique intervient de manière plus tardive en Europe. Les initiatives britannique et suédoise renforcent néanmoins l'hypothèse d'une consolidation susceptible d'intéresser également le cas français, pour deux raisons au moins. Premièrement, elles corroborent l'idée d'une consolidation antidiscriminatoire au sein d'ordres juridiques voisins, enchâssés dans le système communautaire qui œuvre précisément au développement et à l'harmonisation des législations nationales. Deuxièmement, à la différence des cas australiens et néo-zélandais, tant le développement que l'architecture du droit antidiscriminatoire étaient davantage semblables à la situation actuelle du droit français. Qu'il s'agisse de la Grande-Bretagne ou de la Suède, la consolidation n'est pas apparue dès les prémices de l'institutionnalisation juridique de la lutte contre les discriminations mais, comme cela avait pu être le cas au Canada, fut au contraire considérée dans un second temps, en tant que modalité de rationalisation d'un dispositif juridique caractérisé par une multiplicité de lois sectorielles. En 2008, le Riksdag vota l'abrogation de sept lois sectorielles, auxquelles fut substitué un nouveau *Discrimination Act*, entré en vigueur le 1er janvier 2009. Cette législation établit six formes de discrimination[14], à raison de sept motifs[15], dans neuf domaines spécifiques, et sous réserve d'exceptions limitativement énumérées. Elle crée un tribunal *ad hoc,* en même temps qu'un nouvel *ombudsman* qui fusionne quatre homologues sectoriels. Outre-Manche, à la suite d'une initiative du *Labour* et à l'issue d'un processus de consultation, le Parlement britannique fit de même, fusionnant une quinzaine de lois et règlements antidiscriminatoires[16] pour aboutir en 2010 à une loi unique : l'*Equality Act.*

2.2 Vers une consolidation du droit antidiscriminatoire en France ?

Historiquement, le processus de consolidation est considéré comme une réponse à des situations d'ineffectivité. Afin de saisir pleinement ce phénomène, il convient de revenir sur les attentes qui ont présidé à ses impulsions. Au Canada, en dépit d'un dispositif juridique plus qu'honorable pour les années 1960, l'adoption du Code ontarien des droits de la personne en 1962 fut justifiée, précisément, par l'ineffectivité de la législation en vigueur (Morin, 2012 ; Clément *et al.*, 2012). Quatre moyens concomitants furent alors opposés en réponse à l'ineffectivité du droit : le renforcement de l'appareil de contrôle, l'abandon de la logique de sanction au bénéfice de la réparation, la création d'une institution de promotion de l'égalité et, enfin, la consolidation du droit antidiscriminatoire. C'est plus précisément l'influence de ce dernier facteur qu'il s'agit d'apprécier. Cet enjeu a été placé au cœur de la réforme du droit britannique en 2010, alors que coexistaient de nombreuses lois antidiscriminatoires. Dès février 2005, le gouvernement mandate le *Discrimination Law Review* afin de conduire une évaluation globale du système juridique antidiscriminatoire. Ses conclusions, axées autour de trois

---

[14] Directe, indirecte, refus d'aménagement raisonnable, harcèlement, harcèlement sexuel, injonction à discriminer.

[15] Sexe, identité de genre, origine ethnique, religion, handicap, orientation sexuelle, âge.

[16] *Equal Pay Act*, 1970 ; *Sex Discrimination Act*, 1975 ; *Race Relations Act*, 1976 ; *Sex Discrimination Act*, 1986 ; *Employment Act*, 1989 ; *Social Security Act*, 1989 ; *Sex Discrimination Act (Election Candidates)*, 1986 ; *Disability Discrimination Act*, 1995 ; *Employment Equality (Religion or Belief) Regulations*, 2003 ; *Employment Equality (Sexual Orientation) Regulations*, 2003 ; *Employment Equality (Age) Regulations*, 2006 ; *Equality Act (Sexual Orientation) Regulations*, 2007 ; *Civil Partnership Act*, 2004 ; *Equality Act*, 2006.

préoccupations (« *harmoniser et simplifier la loi* », « *une loi plus effective* », « *moderniser la loi* ») établissent sans ambiguïté un lien entre la réalisation du droit et la nécessité d'une consolidation (*Communities and Local Governments*, 2007)[17]. La consolidation fut ainsi perçue comme une modalité de mise en cohérence des textes afin de répondre à la fragmentation formelle et matérielle du dispositif antidiscriminatoire : le parallèle avec le cas français apparaît dès lors avec clarté.

En France, bien qu'extrêmement rares et laconiques, quelques voix se sont déjà élevées pour souligner que la « *cohérence et [la] vocation pédagogique seraient également renforcées par le rassemblement, au sein d'un même recueil [...] du corpus des textes relatifs aux discriminations* » (Benbass, Lecerf, 2014 : 67). Cela, afin de permettre d'appréhender facilement toutes les normes applicables en ce domaine (ECRI, 2010). Tout en se plaçant à un niveau plus théorique, Bruno Oppetit confirme ce sentiment lorsqu'il expose les trois valeurs intrinsèques de la codification : une valeur politique, en ce qu'elle vise à imposer un pouvoir ou une idéologie ; une valeur sociale, en ce qu'elle vise la stabilisation d'une société par l'affirmation d'un nouveau pacte social ; une valeur technique enfin, dans le but « *de remédier à la dispersion et à l'émiettement des sources du droit et d'assurer l'accès des destinataires et des usagers* » aux règles de droit (Oppetit, 1994 : 10). Parmi les quatre idéaux-types de codification développés par Oppetit, trois possèdent cette valeur technique : les consolidations, les « *grandes œuvres réformatrices* » (*e.g.* Code civil, Code pénal) et la codification à droit constant, entendue comme « *la mise en ordre du droit existant, avec une répartition rationnelle des matières entre les codes et une organisation méthodique de chacun d'entre eux* » (Braibant, 1993). Ces trois types de rationalisation juridique sont présentés comme autant de réponses aux crises du droit, quantitatives (inflation législative) et qualitatives (clarification, mise en cohérence). Dans l'hypothèse d'une consolidation en France, la codification à droit constant (*i.e.* la remise en ordre du droit positif par une répartition plus aboutie entre les codes) ne saurait suffire. En

[17] Les rapporteurs concluent au sujet de la clarté de la loi : « *Our proposals for a Single Equality Bill are designed to deliver a simpler, clearer and more streamlined legislative framework. Simplifying and consolidating the law will of itself clarify rights and responsibilities. This should make it more straightforward for those with responsibilities under the law to understand and meet them* ».

effet, la nature systémique de la discrimination transforme celle-ci en objet juridique transversal, légitimant son imbrication dans la quasi-totalité des codes de droit français. Cette modalité de rationalisation n'est dès lors pas en mesure de répondre à la dilution formelle du dispositif et à ses conséquences en termes de lisibilité et d'accessibilité. Poursuivant, sans nécessairement viser une « *grande œuvre réformatrice* », la voie de la consolidation nous paraît la plus opportune. Il s'agirait alors de réunir et d'intégrer, selon un ordre logique, les dispositions pertinentes, tout en profitant éventuellement de l'occasion pour consacrer législativement certains acquis jurisprudentiels. Par ce procédé, serait visée « *la réunion en un même ensemble de règles jusque-là dispersées* », afin de « *facilite[r] l'accès à la connaissance du droit au profit des usagers* », et d'en « *souligne[r] parfois les faiblesses ou les incohérences, et [...] ainsi contribuer à favoriser la réforme ultérieure de la matière* » (Oppetit, 1994 : 16). Il ne s'agit donc pas d'appeler à la création d'une œuvre aussi imposante que le Code civil, le Code du travail ou le Code pénal mais, plus simplement, de constituer un texte de droit commun, cohérent, lisible et, surtout, quasi exhaustif concernant la législation adoptée en vue d'assurer le respect du droit à la non-discrimination.

Conclusion

Loin de constituer un projet chimérique, une telle consolidation du dispositif juridique antidiscriminatoire en droit français pourrait procéder, par exemple, du renforcement de la loi du 27 mai 2008, applicable à la fois en droit administratif et en droit civil. Les retouches apportées par la loi de modernisation de la justice du XXIe siècle et par la loi relative à l'égalité et à la citoyenneté semblent s'inscrire en ce sens (Médard, 2016). Cette hypothèse se renforce au regard des régularités constatées dans l'analyse des consolidations étrangères. Bien qu'il soit considérablement moins développé que les dispositifs étudiés par ailleurs (Canada, Australie, Nouvelle-Zélande, Suède, Grande-Bretagne), le contenu de la loi du 27 mai 2008 est en effet le plus riche du droit français et reprend plusieurs des éléments cardinaux partagés par les lois de consolidation étrangères : déclinaison des formes de discrimination, énumération la plus complète des motifs, des champs d'application, formulation explicite des exceptions et clauses de justification en fonction des champs d'application, dimension institutionnelle (si légère soit elle, avec le

Haut Conseil à l'égalité entre les femmes et les hommes), ou encore dimension procédurale (par exemple, règle de preuve, *testing*, mesures d'instruction). Puissent ces prémices être amplifiées, afin de constituer le point de cristallisation d'un dispositif consolidé du droit antidiscriminatoire français, répondant aux exigences de clarté et de non-complexité excessive, demeurant lisible et accessible à tous.

Bibliographie :

Benbassa E., Lecerf J-R. (2014), *La lutte contre les discriminations : de l'incantation à l'action,* rapport d'information, Commission des lois du Sénat, n° 94, 12 novembre [en ligne].

Benichou S. (2011), *Le droit à la non-discrimination « raciale ». Instruments juridiques et politiques publiques,* Thèse de droit, Université Paris Nanterre.

Bonnard-Plancke L., Verkindt P-Y. (2006), « Égalité et diversité : quelles solutions ? », *Droit social*, n° 11, pp. 968-980.

Braibant G. (1993), « Codification », *in Encyclopaedia Universalis*. [En ligne]

Cabrillac R. (2002), *Les codifications,* PUF.

Carbonnier J. (2002), *Droit civil. Introduction,* PUF, 27e ed.

Clément D., Silver W., Trottier D. (2012), *L'évolution des droits de la personne au Canada*, Ottawa : Commission canadienne des droits de la personne. [En ligne].

Défenseur des droits (2016), *Rapport annuel d'activité 2015.* [En ligne].

Communities and Local Governments (2007), *Discrimination Law Review. A Framework for Fairness : Proposals for a Single Equality Bill for Great Britain,* Ministry of Justice. [En ligne].

Doytcheva M. (2010), « Usages français de la notion de diversité : permanence et actualité d'un débat », *Sociologie,* vol. 1, n° 4, pp. 423-438.

Dragone S. (1997), « La codification communautaire : technique et procédure », *in Légistique formelle et matérielle* (Morand C.-A. (dir.)), Presses universitaires Aix-Marseille.

ECRI – Commission Européenne contre le Racisme et l'Intolérance (29 avril 2010), *Rapport de l'ECRI sur la France (quatrième cycle de monitoring)*. [En ligne].

Fercot C., Pichard M. (9 octobre 2015), « L'identification des motifs de discrimination dans la loi. Étude légistique », Colloque annuel ARDIS : *Discriminations : état de la recherche : Critères, catégories et stéréotypes*. [En ligne].

Flückiger A. (2007), « Le principe de clarté de la loi où l'ambiguïté d'un idéal », *Nouveaux Cahiers du Conseil constitutionnel,* n° 21.

FRA – Agence des droits fondamentaux de l'Union européenne (2010), *Sensibilisation aux droits et organismes de promotion de l'égalité,* enquête EU-MIDIS. [En ligne].

Frison-Roche M.-A., Baranès W. (2000), « Le principe constitutionnel de l'accessibilité et de l'intelligibilité de la loi », *Recueil Dalloz.*

Gauriau B. (2008), « Les accords collectifs relatifs à la diversité », *Droit social*, n° 11, pp. 1060-1064.

IFOP (janvier 2014), *Baromètre sur la perception des discriminations au travail, Vague 7, Étude pour le Défenseur des droits et l'Organisation internationale du travail.* [En ligne].

Junter A., Sénac-Slawinski R. (2010), « La diversité : sans droit ni obligation », *Revue de l'OFCE,* n° 114, pp. 167-195.

Jennequin A. (2009), « L'intelligibilité de la norme dans les jurisprudences du Conseil constitutionnel et du Conseil d'État », *Revue française de droit administratif*, vol. 25, n° 5, pp. 913-928.

Lanquetin M.-T. (2010), « Le thème de la diversité » au sein de l'entrée « Discrimination » *in Répertoire de droit du travail*, Dalloz.

Lasserre V. (2002), « La compréhensibilité des lois à l'aube du XXIe siècle », *Recueil Dalloz*.

Malaurie P. (2005), « L'intelligibilité des lois », *Pouvoirs,* n° 114, pp. 131-137.

Médard R. (2016), « Le droit à la non-discrimination fait peau neuve : considérations sur les incidences de la loi de modernisation de la justice du XXIe siècle », *Revue des droits et libertés fondamentaux,* chron. n° 27. [En ligne].

Molfessis N. (2004), « Simplification du droit et déclin de la loi », *Revue trimestrielle de droit civil*, n° 1.

Morin A. (2012), *Le droit à l'égalité au Canada,* LexisNexis.

Oppetit, B. (1994), « De la codification », *in La codification* (Beignier, B. (dir.)), Dalloz.

Sénac R. (2015), « La promotion de la diversité dans la fonction publique : de l'héritage républicain à une méritocratie néolibérale », *Revue française d'administration publique,* n° 153, pp. 165-182.

Slama S. (2016), « La disparité des régimes de lutte contre les discriminations : un frein à leur efficacité ? », *Revue des droits de l'homme,* n° 9.

Rrapi P. (2014), *L'accessibilité et l'intelligibilité de la loi en droit constitutionnel,* Dalloz.

« LE PROBLÈME N'EST PAS TANT QUE CES DIFFÉRENCES COEXISTENT AU SEIN D'UN MÊME ORDRE JURIDIQUE, MAIS QU'ELLES SOIENT DÉNUÉES DE JUSTIFICATION ET ENTRAVENT DE MANIÈRE SUPERFLUE LA LISIBILITÉ DU DROIT ANTIDISCRIMINATOIRE. »

« L'ENTHOUSIASME EST EN CONSÉQUENCE INDISPENSABLE POUR QUI SOUHAITE S'ATTELER À LA TÂCHE ARDUE ET CHRONOPHAGE CONSISTANT À DRESSER UNE LISTE EXHAUSTIVE DES ÉNONCÉS JURIDIQUES PERTINENTS EN MATIÈRE DE DISCRIMINATION. »

« L'ANALYSE DES EXPÉRIENCES ÉTRANGÈRES PERMET LA MISE EN ÉVIDENCE DE RÉGULARITÉS FACILITANT LA SYSTÉMATISATION DU CONTENU DES LOIS ANTIDISCRIMINATOIRES... SANS NÉCESSAIREMENT VISER UNE GRANDE ŒUVRE RÉFORMATRICE, LA VOIE DE LA CONSOLIDATION NOUS PARAÎT EN CE SENS LA PLUS OPPORTUNE. »

ROBIN MÉDARD INGHILTERRA

« Fournir les codes de l'entreprise à ceux qui en sont éloignés » : Construction et mitigation d'un risque socio-racial

Emmanuel QUERNEZ

Emmanuel Quernez est doctorant en sociologie au CADIS-EHESS et enseignant à l'Université de Rennes 1. Sa thèse porte sur le recours au droit par les salariés victimes de discriminations raciales.
emmanuel.quernez@hotmail.fr

Introduction

Le nouvel esprit du capitalisme se distinguerait par sa capacité à neutraliser la critique sociale par les déplacements successifs de ses méthodes et discours de management, escamotant les affrontements sur le terrain des relations sociales institutionnalisées (Boltanski et Chiapello, 1999). Les normes de régulation posées par le monde du travail ou par l'État se trouvent ainsi reformulées et domestiquées par les franges les plus mobiles du patronat. À cet égard, le paradigme de la diversité s'est imposé comme un nouveau mode de catégorisation et de gouvernement des relations sociales en entreprise, bousculant le référentiel des inégalités professionnelles utilisé par les syndicats ou bien celui du droit antidiscriminatoire porté par les pouvoirs publics depuis le début des années 2000.

Débordant le cadre de l'entreprise, la notion de diversité connaît un succès endémique dans le débat public français, servant à désigner à peu de frais l'hétérogénéité des membres d'un groupe social au regard d'identités essentiellement ascriptives, notamment de genre, de génération, d'ethnicité ou de race[18]. La notion semble ainsi combler

[18] Si elles renvoient à des caractéristiques pesantes et visibles, les catégories sous-jacentes à la notion générique de diversité n'en restent pas moins des constructions sociales, dans la mesure où elles ne doivent leur efficacité, dans un contexte social donné, qu'à l'association de qualités et de valeurs à ces traits naturalisés. Par convention, nous utiliserons dans ce texte le mot *race* sans guillemets, étant

un vide et soulager la difficulté dans laquelle sont empêtrés les acteurs publics lorsqu'il s'agit de nommer les populations issues de l'immigration post-coloniale et la rémanence de leur singularité raciale dans un contexte de crise économique et sociale.

À côté de ces usages discursifs plastiques et volontairement confus dans le débat public, la diversité a au contraire pris forme dans le domaine du management des ressources humaines comme un ensemble de pratiques formalisées, revendiquées, diffusées et expérimentées au sein de grandes entreprises « engagées » dans ce domaine (Barth et Falcoz, 2010). Importées des États-Unis avant reformulation dans le contexte français, les politiques entrepreneuriales de promotion de la diversité furent d'abord étudiées dans la littérature scientifique américaine en gestion, qui les définit sans détour dès les années 1990 comme « *l'ensemble des activités impliquées dans l'intégration d'employés non traditionnels (femmes et minorités) dans la force de travail et l'utilisation de leur diversité pour l'avantage compétitif de la firme* » (Gomez-Mejia *et al.*, 1995 : 120).

À mesure que le paradigme a pris son autonomie, les catégories visées furent étendues à des différences sociales autres que la race ou le genre, sans pour autant perdre cette articulation fondatrice : il revient aux acteurs privés de mettre en place, à un niveau micro-social, des dispositifs spécifiques pour intégrer un « public éloigné du monde de l'entreprise », selon l'expression récurrente des acteurs rencontrés pour les besoins de cette étude. Et cela dans le but de satisfaire un intérêt économique bien compris. La diversité est un *business case*, une rupture managériale qui tire précisément sa valeur de la capacité à intégrer des principes de justice sociale auparavant extérieurs à la rationalité économique.

Concrètement, cette dynamique s'est traduite en France par le lancement de la Charte de la diversité en 2004, signée aujourd'hui par la majorité des grandes entreprises, par laquelle celles-ci s'engagent à la fois à « *promouvoir l'application du principe de non-discrimination* » et à « *chercher à refléter la diversité de la société française, et notamment sa diversité culturelle et ethnique* ». Tous les grands groupes affichent progressivement un discours sur la diversité

---

entendue néanmoins la distance prise avec toute conception essentialisante et/ou biologique.

et nombreux sont ceux qui ont mis en place des dispositifs censés la favoriser, sous la houlette de groupes de travail ou de hauts responsables en charge de cette thématique. Appuyant le mouvement, l'État valide la création d'un label Égalité professionnelle entre les femmes et les hommes[19], tandis que les partenaires sociaux signent en 2006 un accord national interprofessionnel sur la diversité[20]. Enfin, un label Diversité, fonctionnant comme une certification de respect d'une norme technique accordée par un organisme indépendant (l'AFNOR), a été créé à l'automne 2008, grâce à une collaboration de l'État et de l'Association Nationale des Directeurs des Ressources Humaines (ANDRH)[21]. Si ces pratiques ont peu à voir avec la lutte contre les discriminations, telle qu'elle se développe en France depuis le milieu des années 2000, elles ont été plutôt soutenues par la HALDE, puis le Défenseur des droits, qui ont tenté d'y mettre de l'ordre en publiant des recommandations concernant les « bonnes pratiques ».

La genèse de ces outils managériaux et leur diffusion par certaines élites patronales placent la lutte contre la relégation des minorités ethno-raciales au cœur de l'agenda de la promotion de la diversité, brisant une forme de dénégation qui règne dans les milieux économiques jusqu'alors (Méhaignerie et Sabeg, 2004 ; Bébéar, 2004). Plutôt que de mettre en comparaison l'usage des catégories juridiques instituées par l'action antidiscriminatoire, nous proposons dans cet article d'expliciter comment les entreprises, signataires de la charte, pour certaines titulaires du label, appréhendent celle perçue toujours comme problématique de l'appartenance ethno-raciale.

Que nous révèlent les déclinaisons pratiques de cette action positive à la française quant à la représentation du monde social véhiculée par les acteurs économiques ? Constatant l'apparente absence du critère de l'origine dans la majorité des programmes opérationnels pilotés par les services dédiés des entreprises, nous nous sommes penchés sur les dispositifs locaux externalisés de recrutement d'une main-d'œuvre « issue de la diversité ».

Dans ces dispositifs auxquels les entreprises les plus « engagées » ont recours, des opérateurs de l'emploi spécialisés mettent en œuvre des méthodes *ad hoc* d'insertion professionnelle, supposées prémunir les

---

[19] Arrêté du 28 juin 2004.

[20] Accord du 12 octobre 2006, étendu par l'arrêté du 22 février 2008.

[21] Décret du 17 décembre 2008.

entreprises commanditaires d'un risque que nous qualifions ici de « socio-racial », quitte à enfermer les publics-cibles dans des attributs qui *in fine* confortent les stéréotypes discriminatoires.

Méthodologie

L'enquête de terrain s'est déroulée en deux temps, à l'hiver 2013 puis au printemps 2015, dans un contexte économique marqué par la contraction des marges des entreprises et, sauf exceptions, par des politiques de recrutement plutôt frileuses. Sans prétendre embrasser de façon exhaustive le champ des acteurs économiques revendiquant une politique de promotion de la diversité, nous avons tenté de construire un échantillon d'enquête comprenant des entreprises et établissements de différents secteurs d'activité, de différentes tailles, publics comme privés. La plupart des entreprises enquêtées, implantées en région parisienne et dans le grand Ouest, ont été identifiées grâce à la liste, publique, des détenteurs du label Diversité éditée par l'AFNOR. Les entreprises qui se signalaient par leur engagement dans cette politique au cours de forums professionnels ou dans la littérature grise en circulation ont été également contactées.

Après un travail d'analyse de la littérature académique et de la littérature entrepreneuriale sur le sujet – les titulaires du label ont par exemple l'obligation de publier un bilan annuel de leur politique, l'enquête a consisté en une série d'entretiens semi-directifs auprès des responsables de ressources humaines et/ou des responsables de la politique diversité, dont la dénomination se revendiquait parfois de la « responsabilité sociale de l'entreprise » ou encore du « développement social et durable » (n = 15).

Un autre volet de l'enquête a consisté en l'observation de forums professionnels dédiés, lieux de partage d'expériences et de coordination entre les acteurs engagés dans ces politiques. À l'échelle d'une grande ville de province, plutôt dynamique sur le plan économique, ce réseau associait les collectivités territoriales, des intermédiaires de l'emploi, les instances patronales et des dirigeants d'entreprises, souvent de dimension plus modeste que celles visitées. Ces entrées locales permettent en effet de ne pas être prisonnier d'une politique de communication ou de l'analyse des programmes mis en place par le service Diversité du siège, relativement déconnectés du quotidien opérationnel.

Nous avons en outre suivi l'activité de deux structures d'insertion professionnelle spécialisées, membres de ces réseaux, qui revendiquent une pratique du métier des ressources humaines basée sur la lutte contre les discriminations, la promotion de la diversité et le soutien à certaines catégories de demandeurs d'emploi en difficulté. La méthode d'échantillonnage contextuel adoptée ainsi, qui cerne un nombre restreint d'acteurs et de dispositifs tout en resituant leurs relations dans un système local, permet de dégager une analyse de la diversité en actes. Les résultats, dont la généralisation doit être envisagée avec prudence, sont à confronter avec ceux d'autres enquêtes de même type, menées sur d'autres territoires (Doytcheva *et al.*, 2008).

1. Dilution et escamotage des discriminations raciales

Les travaux de sociologie sur la promotion de la diversité ont souligné combien celle-ci amenait objectivement à un contournement du principe juridique de non-discrimination en diluant les critères légaux – notamment ceux qui renvoient au profil racial – parmi un ensemble de dispositifs relevant davantage de la déclaration d'intention et associant des situations sociales hétérogènes. Non seulement la catégorisation de la diversité ne cible plus la diversité des origines ni les « minorités visibles » en priorité, mais le cadre juridique antidiscriminatoire a été utilisé de façon opportuniste par les acteurs économiques pour démultiplier les champs d'intervention. Pourtant, dans le même temps, le nouveau paradigme met le droit « à distance », pour reprendre la formule de Milena Doytcheva, en opérant un débordement des catégories protégées, qui consiste à valoriser *toutes* formes de différences, y compris la diversité des « *talents* », « *cultures* » et « *styles de vie* » (Doytcheva, 2009 : 115). À l'instar de ce que montre notre enquête, les auteures notent, sous l'étiquette « politiques de la diversité » affichée par les entreprises, une « *imbrication entre les catégories des politiques antidiscriminatoires et celles des politiques de la ville et de l'insertion sociale* » (Béréni, 2009 : 103). La diversité va jusqu'à prendre en compte « *la parentalité* » ou « *les relations avec les écoles* ». Pour Véronique de Rudder et François Vourc'h elle « *permet de surmonter à bon compte l'interdit officiel de nomination des groupes ethnicisés ou racisés, et, mieux encore, elle permet d'escamoter le processus même de catégorisation racisante qui organise les discriminations racistes.* […] *Le recours à l'idée de diversité dilue, dans l'identification d'un système de différenciation généralisé, et a priori, sans limite, les effets particulièrement structurants de la racisation* » (de Rudder, Vourc'h, 2009 : 198). Tout se passe comme si cette extension des catégories de la diversité, dans un premier temps, amenait les entreprises à sélectionner et mettre en œuvre, ensuite, des programmes effectifs autour de critères restreints, plutôt anciens et routinisés, juridiquement encadrés et socialement perçus comme consensuels, à savoir l'âge, le handicap et le genre. Difficile en outre d'évaluer l'efficacité des programmes adossés à une notion aussi floue et labile que celle de diversité. Exception faite du label, la charte et autres protocoles estampillés n'ont pas de portée contraignante, et d'aucuns ont souligné qu'ils engageaient simplement les signataires… à respecter la loi ! De ces dispositifs de *soft law*, il résulte des actions qui, souvent, se résument en priorité à des sessions de formation. Confiées à des cabinets de consultance, et axées de manière privilégiée sur la formation des stéréotypes, ces interventions accréditent l'hypothèse selon laquelle les faits discriminatoires relèvent d'errements individuels ou de malentendus culturels qu'il s'agirait de dissiper.

Notre recension des déclinaisons pratiques locales de la promotion d'une diversité entrepreneuriale complète ces observations. Le rétrécissement opéré autour de quelques dispositifs catégoriels institutionnalisés n'est pas uniquement la conséquence d'un aveuglement aux différences raciales ou d'un évitement stratégique de celles-ci. Il reflète également l'incapacité des entreprises à intégrer techniquement et juridiquement cette dernière catégorie à leurs procédures RH. Dans un environnement de travail où chaque projet doit pouvoir être évalué à l'aune d'indicateurs chiffrés, « monitoré », la discrimination raciale disparaît effectivement des « bilans diversité » que publient chaque année les entreprises. Mais l'interdiction juridique de tenir des statistiques ethniques n'est pas seule en cause. On constate une incapacité des directions à saisir les ressorts des discriminations raciales au point d'externaliser quasi systématiquement leur traitement à des « *opérateurs de la diversité* » (Doytcheva, 2011), associations ou cabinets privés, y compris lorsqu'il s'agit de formation des salariés ou de recueil des plaintes. Une telle frilosité contraste avec les politiques plus volontaristes et portées de manière davantage endogène, en matière de genre, d'âge ou de handicap.

2. Au-delà de la non-discrimination : comment « faire de la diversité » ?

Le rétrécissement de la diversité autour de quelques critères usuels et institutionnalisés cohabite avec la volonté de certains acteurs économiques d'aller au-delà, à la fois de ces politiques catégorielles et du strict respect de l'égalité de traitement, pour *« réparer les inégalités liées à l'origine »*[22]. Les entreprises enquêtées développent ainsi un ensemble de programmes en direction de publics présentés comme structurellement *« éloignés du monde de l'entreprise »*. Elles proposent à certaines catégories sociales des voies d'accès privilégié à l'entreprise, *via* des canaux dérogatoires aux procédures RH communes, et qui mènent au recrutement ou à l'accueil en formation. Ces opérations, qui participent plus largement d'un objectif affiché d'« élargissement du *sourcing* », constituent un élément central des politiques diversité des firmes. Nombre d'interlocuteurs déplorent en effet un problème de filière, ou de « vivier », arguant qu'il est difficile de « faire de la diversité » quand les candidatures « issues de la diversité » manquent. Et d'expliquer ce déficit par une articulation lacunaire entre les cursus de l'éducation nationale et les besoins de l'entreprise, par une ignorance et une « auto-exclusion » de certains publics vis-à-vis des grandes entreprises, mais aussi par un manque d'attractivité et de communication de celles-ci à l'égard de certains publics.

La définition de ces publics jugés éloignés de l'entreprise et dignes d'y être intégrés par une action spécifique apparaît hétérogène, fonction des contingences locales et en évolution. Un premier grand champ d'intervention consiste à susciter les candidatures des jeunes sur le point d'achever leur formation, à l'occasion de salons professionnels ou des ateliers de présentation des métiers du secteur concerné. Les entreprises intensifient également le recours aux contrats d'apprentissage et d'alternance, permettant aux lycéens ou étudiants des cursus professionnels d'obtenir une longue expérience en entreprise avant le diplôme final. Toutefois, le recours massif à ces dispositifs de recrutement, largement subventionnés par les pouvoirs publics, s'inscrit avant tout dans une politique générale de contraction des coûts salariaux, de flexibilité et de rajeunissement de la main-d'œuvre. De surcroît, si l'on peut donner quelque crédit au discours

[22] Notes de terrain. Observation d'un forum professionnel, 7 décembre 2012.

assurant que ces leviers permettent de recruter des candidats généralement moins favorisés socialement et issus de filières moins prestigieuses, il est permis de douter qu'ils puissent nécessairement compenser la sous-représentation des minorités visibles dans les entreprises concernées.

2.1 Toucher les publics issus de l'immigration : le recours aux opérateurs de la diversité

C'est la raison pour laquelle nombre d'entre elles scellent des partenariats avec des associations et intermédiaires de l'emploi, travaillant auprès de publics définis selon des critères spécifiques. Exception faite du champ du handicap qui repose sur des mécanismes et acteurs particuliers, il s'agit d'abord d'activer les multiples dispositifs de l'insertion sociale et professionnelle, par lesquels les bénéficiaires des minimas sociaux et les demandeurs d'emploi de longue durée, notamment, peuvent accéder à l'entreprise à des conditions financières et juridiques avantageuses pour cette dernière. Ici encore, on trouve rangés sous la bannière de la promotion de la diversité des programmes portés à bout de bras par les pouvoirs publics. D'autres processus de catégorisation sont également activés. Ainsi, le recours stratégique au critère de l'adresse estampillée « zone urbaine sensible » (ZUS) permet, de façon à peine masquée, de toucher par ricochet la diversité raciale des candidats au recrutement : « *Nous orientons en partie notre recrutement en direction des quartiers sociaux, c'est-à-dire que nous faisons un effort pour aller chercher des publics traditionnellement discriminés et éloignés de ce secteur du marché de l'emploi. On le fait parce qu'on a des valeurs, mais aussi parce qu'on veut recruter les meilleurs, parce que c'est bon pour l'entreprise !* » (Directeur général, grande entreprise américaine présente en France, intermédiaire de l'emploi).

Les quartiers prioritaires de la politique de la ville fournissent la catégorie géographique et administrative sous laquelle les directions des entreprises pilotent et évaluent ces programmes. Leurs artisans y voient, à juste titre, une fidélité à l'esprit initial de promotion de la diversité, porté par un patronat soucieux de marquer son engagement social en réaction à la crise des banlieues au milieu des années 2000.

Les entreprises privilégient dans ce cadre une logique de pré-recrutement et de « parrainage », assurés par des opérateurs qui se spécialisent dans l'intermédiation au placement. Deux types de raisons expliquent cette externalisation. Prônant un aveuglement à la race et refusant de reconnaître sa production par des discriminations systémiques, les entreprises confient à ces acteurs agissant à la marge le soin de « *toucher les populations* » (Doytcheva, 2011 : 60) ; prolongeant en cela une tendance de longue date de la politique française coloniale, puis d'immigration. Les employeurs jouent en second lieu sur un « effet d'aubaine » que permet la sous-traitance du processus de recrutement à des associations ou cabinets opérant, à bon marché, un travail de tri et d'accompagnement. D'autant que, comme nous le verrons plus loin, celui-ci ne s'arrête pas à l'embauche.

Le recours à de tels organismes répond à l'un des paradoxes de la politique entrepreneuriale de diversité à la française. En souhaitant diversifier les sources de recrutement ainsi que le profil des collaborateurs, l'entreprise alourdit ses coûts de gestion du recrutement, comme cela nous a été rappelé très explicitement. Un principe de non-discrimination aveugle, couplé à un élargissement du *sourcing*, apparaît comme (trop) coûteux et chronophage pour l'entreprise. D'où le recours aux intermédiaires qui présentent des profils « issus de la diversité » en nombre restreint.

2.2 Insertion professionnelle sur mesure ou caution symbolique de la diversité ?

Ces *opérateurs-médiateurs* de la diversité ne se situent pas pour autant dans une stricte relation de sous-traitance, ni de dépendance vis-à-vis de l'entreprise. Forts de leur expertise, de cette position pivot avec le public et de ressources locales (liens avec les collectivités territoriales, par exemple), ils prennent véritablement et concrètement le contrôle de ce volet de la politique diversité des firmes. Chargé d'inspirer et de cadrer les actions des magasins au niveau local, ce responsable diversité d'un groupe français de grande distribution explicite le principal intérêt de ce type de partenariat, au-delà de la simple mise en relation ou du filtrage quantitatif des candidatures :

« L'autre grand chantier consiste à nouer des partenariats pour aller sourcer sur des publics spécifiques (quartiers, ZUS, lycées pro, etc.). [...] *L'intérêt de l'entreprise est de trouver le bon candidat le plus rapidement possible, car le temps de sélection perdu et les erreurs de casting ont un coût. Pôle emploi présente des limites de ce point de vue. Nos partenaires plus spécialisés apportent une compétence dans l'accompagnement de l'intégration du salarié dans l'entreprise. Nous travaillons avec FACE, qui ressemble davantage à un club d'entreprises, et aussi avec de vrais acteurs - intermédiaires de l'emploi. Il s'agit grâce à eux de casser une forme d'autocensure qui existe des deux côtés, du côté des entreprises comme du côté des candidats potentiels. Certains référentiels ne sont pas partagés. Des choses toutes basiques : pour certains jeunes, arriver à l'heure les premiers jours, c'est une grande preuve d'intérêt pour le poste, alors que non : c'est la moindre des choses ! L'intermédiaire est là pour ça, pour faire passer ce genre de choses. En sens inverse, l'entreprise doit faire certains efforts : on ne peut pas attendre quatre semaines pour donner une réponse à un jeune en période d'essai sur un poste non-qualifié ! »*

L'action de la Fondation Agir Contre l'Exclusion (FACE) et de ses clubs d'entreprises régionaux, souvent mentionnés par nos interlocuteurs, mérite à ce titre une attention particulière. En constituant un réseau d'entreprises partenaires à l'échelle locale, l'association capte une offre d'emploi, d'apprentissage, de formation, de stages afin de les proposer de façon exclusive aux scolaires et aux demandeurs d'emploi suivis.

Même si aucune règle écrite ne le suppose, le club local que nous avons étudié, comme la plupart des autres, cible presque exclusivement son public selon le critère de la résidence en zone urbaine sensible.

FACE se donne pour mission de « rapprocher » les jeunes du monde de l'entreprise en les accompagnant dans leurs démarches et en leur offrant un suivi bien plus personnalisé que celui des intermédiaires de l'emploi classiques (Missions locales, Pôle emploi). Dans de nombreux cas, l'intégration dans l'entreprise se prépare par un « parrainage », qui concerne, à titre d'exemple, environ cinquante jeunes demandeurs d'emploi résidant en ZUS dans la ville étudiée chaque année. La grande majorité d'entre eux appartient à la deuxième ou troisième génération d'immigration maghrébine ou africaine. Le parrainage peut s'effectuer en amont de la signature d'un premier contrat en entreprise ; les salariés de l'association assistent par ailleurs le demandeur d'emploi dans la rédaction de son CV, sa stratégie de candidature, la préparation des entretiens d'embauche, et lui proposent un ensemble de formations concernant, selon son directeur, « *la culture générale, l'apprentissage de la communication en groupe, le savoir-être et le savoir-vivre* ». L'originalité et, selon les responsables de l'association, le grand atout de la structure est d'associer un cadre d'une entreprise partenaire à ce suivi socio-professionnel, qui se prolonge après le premier pas dans l'entreprise par des entretiens d'étape, une évaluation parallèle et d'éventuelles démarches de médiation assurées par le parrain.

Cette méthodologie d'insertion professionnelle « sur mesure » présente des résultats flatteurs en termes de taux d'insertion. Elle articule une réponse multiforme aux discriminations cumulatives dont souffrent les jeunes des quartiers populaires, dont la racisation est renforcée par la stigmatisation territoriale et le faible capital social. Des cabinets comme Mozaïk RH, des associations comme l'AFIP (Association pour Favoriser l'Insertion Professionnelle) ou d'autres agences indépendantes fonctionnent selon une logique similaire de « parrainage » et de placement auprès d'entreprises partenaires.

Néanmoins, d'un point de vue plus global et politique, l'existence de tels circuits séparés d'accès à l'emploi pour ce public ainsi que la faiblesse des effectifs concernés interrogent sur la véritable place de ces dispositifs étiquetés « lutte contre les discriminations » dans les politiques des entreprises. D'autant que la médiation partenariale accomplie est clairement non contraignante.

Recourir ainsi à des relais pour appréhender un public issu de l'immigration ne fait-il pas courir le risque de mettre à distance, en la construisant comme exogène, la problématique des discriminations raciales ? En effet, dans cette optique, celles-ci ne procèdent pas d'un système économique et social dont l'entreprise est le pivot, mais d'un manque de transparence du marché de l'emploi, d'un déficit de communication entre entités étanches, qui impliquent le recours à des structures-médiates. Aussi, si le phénomène discriminatoire échappe à l'entreprise, il convient dans ce schéma non pas de le *combattre,* mais plutôt de le *compenser* par une dose d'intégration, selon des canaux spécifiques, de candidats issus de l'immigration.

3. Les attendus latents du parrainage

3.1 Neutraliser la figure du « jeune de banlieue »

La responsable RH-diversité de la branche Environnement et ressources naturelles d'une multinationale française nous explicite de manière incidente d'autres attendus latents de ce genre d'actions partenariales :

« *Nous avons des actions de parrainage avec des associations comme FACE ou avec des associations d'insertion des personnes qui sortent de prison, par exemple. L'échelon régional de l'entreprise* est *ici autonome pour établir des partenariats avec des associations. Avec des personnes très éloignées de l'emploi, il est indispensable pour nous d'avoir ce genre de partenaires, qui mobilisera des coachs, des psys, etc., pour effectuer un accompagnement hyper-personnalisé.* »

Le rapprochement opéré dans une même phrase et logique d'action entre des personnes sortant de prison et des candidats présentés par FACE est révélateur. Lors d'un forum organisé par l'association présentant différentes initiatives de lutte contre les discriminations et de promotion de la diversité dans le département, un chef d'entreprise expose une méthode atypique, mais comparable à celle du parrainage, destinée à des jeunes non qualifiés, majoritairement issus de ZUS. Ancien officier de la légion étrangère, reconverti dans le génie biologique et les travaux d'aménagement des espaces naturels, le nouveau dirigeant constate les « *nombreux échecs* » des projets d'insertion des jeunes accueillis dans son entreprise, « *car ils n'ont pas de savoir-être, ils n'ont pas la culture de l'entreprise* ». Ces contrats d'insertion seront donc désormais précédés, à son initiative, d'une mise au vert, une forme de stage commando en milieu naturel visant à « *transmettre l'amour du travail, le sens du collectif, le dépassement de soi* ». À défaut de quoi l'embauche n'est pas envisageable. Si caricatural que puisse paraître le dispositif, il n'en révèle pas moins les attendus latents des dispositifs de parrainage intégrés aux politiques diversité. Comme l'explique ce responsable diversité d'un grand groupe français du BTP : « *Faire de la diversité, de la mixité, ne demande pas forcément beaucoup d'argent. C'est avant tout un effort intellectuel. Mais c'est vrai que c'est plus difficile en période de crise. Recruter quelqu'un qui n'a pas le profil-type comporte une part de risque pour un manager. Pour cela, ils doivent être soutenus par une politique – groupe et des acteurs locaux.* »

Confier le suivi socio-professionnel, voire « psycho-social », du nouveau salarié aux opérateurs de la diversité minimiserait ce risque. Alors que Pôle Emploi ne remplit pas cette tâche. De façon paradoxale, l'affirmation de la « responsabilité sociale de l'entreprise » va de pair avec un renoncement : les entreprises estiment ne pas pouvoir offrir aux nouveaux entrants un cadre de socialisation par le travail et par l'institution *suffisant* pour se prémunir contre les risques sans cesse brandis. Ceux-ci sont formulés d'abord en termes sociaux : l'exclusion diminue l'« employabilité » ; psychologiques et comportementaux : les règles de savoir-vivre élémentaires n'étant pas acquises, il en découle retards, négligences et conflits au travail ; générationnels : les « jeunes » sont réputés à mille lieues des contraintes de l'entreprise. Mais ces « risques » perçus se disent également dans un langage culturel, voire racialiste. Tel chef d'entreprise pouvant, par exemple, constater qu'« *il y a des cultures où c'est mal élevé de poser des questions, de regarder dans les yeux, de parler à quelqu'un de plus âgé* », et que cela pose problème à l'entreprise esseulée face aux salariés[23].

Plus récemment, les opérateurs – médiateurs de la diversité ont été mobilisés pour désamorcer un nouveau « risque », à savoir celui de l'irruption de la visibilité religieuse dans les relations professionnelles et sur le lieu du travail. Nous avons constaté par exemple que le parrainage d'une candidate avait pris la tournure d'une incitation au retrait de son voile sur demande de l'entreprise, en l'espèce en toute méconnaissance du droit et d'une vision politique de l'intégration dans le respect des différences. Il revient à des transfuges proches socialement et parfois ethniquement des candidats, d'accomplir ce travail normatif, en transcrivant les exigences de la culture d'entreprise dans leur univers moral. Le référentiel racial, pourtant dénié, fait donc son retour dans la sous-traitance de ces processus d'acculturation. L'observation montre, cependant, que les normes d'employabilité posées par les entreprises, relayées voire amplifiées par les opérateurs de la diversité, sont loin d'être intériorisées par la

[23] Notes de terrain. Forum professionnel, 5 juin 2009.

majorité des jeunes candidats à l'embauche qui empruntent des voies plus classiques. On remarque également que l'ensemble de ces règles de « savoir-vivre » n'est pas attendu de la part des salariés astreints à des tâches d'exécution déqualifiées, mais plus particulièrement de ceux visant des emplois de rang intermédiaire. Le dispositif du parrainage participe ainsi de la construction de « conventions d'usages différenciées » de la force de travail (Monchatre, 2014 : 65), qui associent autoritairement une catégorie de candidats, un parcours de recrutement parrainé et un type de poste.

Dès lors, s'agit-il vraiment de « fournir les codes de l'entreprise » ou bien de neutraliser chez des candidats déjà triés sur le volet une figure socio-raciale, très largement fantasmée, qui est celle du « jeune de banlieue » ? Ce que ces entreprises semblent concéder d'un côté, en valorisant les différences individuelles comme vecteur de « plus-value économique », est oblitéré d'un autre côté par l'exigence d'une *hyper-conformité* aux normes de présentation et de management de soi. Dans ces contradictions de la vision des professionnels des ressources humaines se logent des discriminations massives. Discriminations avant tout raciales que les médiations à l'emploi proposées par les opérateurs de la diversité révèlent finalement en creux.

3.2 Le statut étudiant comme autre gage de pondération du risque socio-racial

L'hypothèse d'un « risque socio-racial » révélé par notre enquête trouve confirmation *a contrario* dans l'importance attachée par certains employeurs au statut d'« étudiant » comme gage ou moyen de le pondérer. En effet, le travail de médiation proposé dans les processus de recrutement des candidats de la diversité peut reposer, nous l'avons vu, sur l'intervention d'acteurs spécifiques. Mais il peut également revêtir la forme d'un attribut personnel, par le biais d'une catégorie simili-juridique, en l'occurrence celle du statut d'étudiant. Nous nous sommes penchés sur ces conventions socio-raciales du recrutement à travers notamment l'étude du parcours de Kaéna, jeune femme d'origine maghrébine. Titulaire d'un baccalauréat STT obtenu en 2009, ayant passé sa jeunesse dans un quartier défavorisé d'une grande ville de province, Kaéna nous livre en ces termes une de ses premières expériences de travail au début des années 2010 :

« *Quand j'étais en galère, que j'avais besoin d'argent, j'ai bossé au* [établissement franchisé d'une grande chaîne de restauration rapide, établi en bordure du quartier où Kaéna réside]. *Trois fois, quelques mois... Mais bon, ça m'enchantait pas hein... Quand on n'est pas trop débile, y a quand même moyen de trouver un job mieux que ça. Se faire gueuler dessus, les odeurs et tout...*
- Et ils vous prenaient comme ça ? Il y a des postes disponibles ?
- Oh oui. Ça tourne beaucoup. Personne ne reste, c'est normal ! [rires] *Enfin, j'ai eu de la chance peut-être, ils avaient besoin de monde... Par contre, il faut être étudiant. C'est ça le truc. Ils proposent que des contrats étudiants. Mais vingt heures* [par semaine], *ça me suffisait. Je montais à vingt-cinq souvent.*
- Et vous étiez étudiante à l'époque ?
- Non, non. J'ai abandonné en première année, donc c'était déjà un ou deux ans après. Mais bon, je m'habille comme une étudiante [rires], *je dépose mon CV directement à la responsable, j'écris bien que je suis toujours à* [nom de l'université, également implantée à proximité], *en 3e année, vu mon âge. Et pendant le rendez-vous, je mythonne là-dessus, ça, c'est clair ! Sinon ils ne te prennent pas ! Ils ne demandent pas la carte* [d'étudiant] *non plus, donc ça va. Mais si tu y vas comme ça, que tu dis que tu cherches du boulot, c'est mort. J'en connais qui se sont ramassés.*
- Mais pourquoi faut-il être étudiant ? Elle vous a dit ?
- Parce que ce sont des horaires réduits, soi-disant. Mais bon, ils ne veulent déjà pas que les jeunes du quartier viennent comme clients, alors comme équipiers... Ce qui est bien avec ça, c'est que tu démissionnes en disant que tu dois partir en stage. Comme ça, t'es pas grillée, et j'ai pu y retourner un peu après. Parce que bon, je faisais bien le taf quand même. Ils étaient contents de moi. »

Cet extrait d'entretien et la situation de Kaéna illustrent de manière idéale-typique les préventions, et bien plus les préjugés, que les recruteurs cultivent à l'égard d'une jeunesse populaire des quartiers défavorisés. Le statut d'étudiante agit dans son cas comme une forme de caution sociale et morale, révélant la posture contradictoire de la firme à l'endroit de l'altérité raciale. Tout en célébrant la diversité à grand renfort de campagnes publicitaires mettant en scène des acteurs de toutes les couleurs, l'appartenance à une minorité visible, au moins dans ce genre de villes, doit sans cesse être pondérée, dans les représentations et les inférences pseudo-probabilistes des recruteurs, par des gages de conformité aux attendus implicites – en l'occurrence racistes et discriminatoires – du management du restaurant.

Conclusion

Au-delà d'un *ethos* de lutte contre les inégalités sociales, sincère et très présent chez les acteurs rencontrés, il apparaît que les entreprises commanditaires s'engagent dans la diversité en recourant à des médiateurs susceptibles à la fois d'évincer la référence à un système discriminatoire, de trier à moindre coût les candidats issus de l'immigration, et, surtout, d'assurer une conformité morale et sociale aux normes managériales. Les dispositifs locaux présentés dans cet article révèlent ainsi les impasses des deux référentiels par lesquels la société française a prétendu, ces quinze dernières années, accorder une place nouvelle aux minorités visibles qui la composent. D'une part, la mise en œuvre effective de l'égalité de traitement par aveuglement aux différences ethno-raciales cède le pas dans l'épreuve du recrutement à la neutralisation d'un « risque » généralisé et accolé à toutes les populations racisées. Si la gestion de l'incertitude autour de la « valeur » du profil d'un candidat est consubstantielle du travail de recrutement (Marchal, Rieucau, 2010), les dispositifs présentés dans cet article montrent qu'il s'agit moins d'*évaluer* que de *compenser* le risque attaché à des candidats répondant *a priori* aux exigences en termes de compétences. Cette compensation peut passer par une reconnaissance bienveillante de la différence ethno-raciale, pourvu que celle-ci soit encadrée et contrôlée par l'intervention d'un opérateur spécialisé, particulièrement lorsqu'il s'agit d'accéder à des emplois intermédiaires ou qualifiés. À l'inverse, lorsque ces gages de pondération font défaut, par exemple en l'absence de statut étudiant, la discrimination s'avère directe et brutale. D'autre part, le référentiel de la diversité, qui entendait ouvrir les entreprises à la pluralité ethnique et culturelle de la société, se heurte aux attendus rigides, indissociablement professionnels et « socio-psychologiques » des employeurs – ce dernier ordre de signaux imprégnant sans cesse davantage leurs catégories de jugement (De Larquier, Marchal, 2012). À l'aune de telles grilles, la capacité d'adaptation à l'environnement de travail des candidats issus de l'immigration est trop systématiquement mise en doute. Dans un contexte de relative impunité des discriminations raciales et de concurrence accrue entre les demandeurs d'emploi, le « profil-type » a bien une couleur.

Bibliographie :

Barth I., Falcoz C. (2010), *Nouvelles perspectives en management de la diversité. Égalité, discrimination et diversité dans l'emploi*, EMS.

Bébéar C. (2004), *Minorités visibles : relever* le *défi de l'accès à l'emploi et de l'intégration dans l'entreprise,* Rapport au Premier ministre.

Béréni L. (2009), « "Faire de la diversité une richesse pour l'entreprise". La transformation d'une contrainte juridique en catégorie managériale », *Raisons politiques*, n° 35, pp. 87-105.

Boltanski L., Chiapello E. (1999), *Le nouvel esprit du capitalisme*, Gallimard.

De Larquier G., Marchal E. (2012), « La légitimité des épreuves de sélection : apports d'une enquête statistique auprès des entreprises », *in Épreuves d'évaluation et chômage* (François Eymard-Duvernay (dir.)), Octarès.

De Rudder V., Vourc'h F. (2009), « Les discriminations racistes dans le monde du travail », *in De la question sociale à la question raciale ? Représenter la société française* (Fassin D., Fassin É. (dir.)), La Découverte.

Doytcheva M. *et al.* (2008), *De la lutte contre les discriminations à la promotion de la diversité. Une enquête sur le monde de l'entreprise,* Université de Lille 3-GRACC/DREES-MiRE.

Doytcheva M. (2009), « Réinterprétations et usages sélectifs de la diversité dans les politiques des entreprises », *Raisons politiques,* n° 35, pp. 107-123.

Doytcheva M. (2011), « Intermédiaires et "opérateurs de la diversité" dans les politiques des entreprises », *Sociologies pratiques*, n° 23, 2, pp. 57-68.

Gomez-Mejia L., Balkin D., Cardy R. (1995), *Managing Human Resources*, Prentice Hall.

Marchal, E., Rieucau G. (2010), *Le Recrutement*, La Découverte.

Méhaignerie L., Sabeg Y. (2004), *Les oubliés de l'égalité des chances,* Institut Montaigne.

Monchatre S. (2014), « Petits arrangements avec la diversité. Le recrutement entre marché et mobilisation salariale », *Revue française de sociologie*, vol. 55, n° 1, pp. 41-72.

« DÈS LORS, S'AGIT-IL VRAIMENT DE "FOURNIR LES CODES DE L'ENTREPRISE" OU BIEN DE NEUTRALISER CHEZ DES CANDIDATS DÉJÀ TRIÉS SUR LE VOLET UNE FIGURE SOCIO-RACIALE, TRÈS LARGEMENT FANTASMÉE, QUI EST CELLE DU "JEUNE DE BANLIEUE" ? »

« AU-DELÀ D'UN ETHOS DE LUTTE CONTRE LES INÉGALITÉS SOCIALES, SINCÈRE ET TRÈS PRÉSENT CHEZ LES ACTEURS RENCONTRÉS, IL APPARAÎT QUE LES ENTREPRISES COMMANDITAIRES S'ENGAGENT DANS LA DIVERSITÉ
EN RECOURANT À DES MÉDIATEURS SUSCEPTIBLES À LA FOIS D'ÉVINCER LA RÉFÉRENCE À UN SYSTÈME DISCRIMINATOIRE, DE TRIER À MOINDRE COÛT LES CANDIDATS ISSUS DE L'IMMIGRATION ET, SURTOUT, D'ASSURER UNE CONFORMITÉ MORALE ET SOCIALE AUX NORMES MANAGERIALES. »

EMMANUEL QUERNEZ

Quand montrer c'est ne pas dire : analyse sémiotique comparée de deux campagnes gouvernementales de sensibilisation aux préjugés

Emmanuelle Bruneel

Emmanuelle Bruneel termine une thèse en Sciences de l'information et de la communication au CELSA, Université Paris IV Sorbonne. Ses recherches doctorales portent dans une perspective communicationnelle sur l'étude de différents discours sociaux mettant en scène « la diversité », afin de rendre compte du fonctionnement langagier et social d'une telle formule. Elle enseigne l'analyse des discours médiatiques à l'Université Paris Est-Créteil.
bruneele@hotmail.fr

Introduction

Cet article a pour ambition de proposer un regard réflexif, transversal et comparé sur deux campagnes distinctes, l'une en France, l'autre en Belgique, de « *sensibilisation aux préjugés* » en vue de « *lutter contre les discriminations* » et de « *promouvoir la diversité* ». Il s'agit de s'intéresser aux mises en discours de ces sujets, les modalités par lesquelles les problématiques relatives aux discriminations sont (re)présentées dans l'espace public : comment les acteurs institutionnels se saisissent de ces questions, quelles pratiques discursives sont mises en œuvre et quels sont les messages élaborés ? Dans le contexte d'une transcription des objectifs de lutte contre les discriminations dans plusieurs domaines de l'action publique (emploi, médias, éducation), des discours d'accompagnement d'initiatives tant privées que publiques ont vu le jour. L'évolution de ces discours relatifs à « *la diversité* » dans l'univers des organisations en France (Doytcheva, 2010) est au centre de nos travaux, centrés sur la « *publicité sociale* » (Kunert et Seurrat, 2013). Ceux-ci tendent à expliquer en quoi les machines à représenter que sont les documents médiatiques qui peuplent nos sociétés, constituent des dispositifs d'ingénierie symbolique, qui fabriquent des catégories représentationnelles, parfois confinant à réitérer les stéréotypes.

L'approche sémiotique que nous proposons de développer s'intéresse aux processus de mise en sens du monde et s'attache à penser le rôle et les modalités de fonctionnement des signes, dans leurs contextes sociaux d'émergence et d'utilisation. Une approche sémiotique des objets documentaires permet de rendre compte de la manière dont les signes en présence (la composition des images, la sélection des figures, les mots employés, les choix éditoriaux, etc.) peuvent faire sens socialement. Cela permet aussi de tenir compte du fait que ces objets sont façonnés par leur teneur discursive institutionnelle (Krieg-Planque, 2014). En effet, les formes de communication élaborées en matière de lutte contre les discriminations et les médiations qui en sont proposées sont révélatrices de postures institutionnelles spécifiques, à la fois comparables et divergentes, en France et en Belgique. Nous interrogerons en particulier le paradoxe que constituent les processus de racialisation des visuels au regard des approches universalistes adoptées par les institutions nationales[24]. Nous essayerons ainsi de montrer que, même si elles empruntent des élaborations visuelles similaires, des distinctions sont en jeu au niveau sémantique, qui supposent des postures et des modes d'approche différents du sujet : alors que la campagne française, très formelle, fait montre d'une forte dimension institutionnelle, la campagne belge cible davantage l'appropriation individuelle, par la disqualification détournée et ludique des préjugés ordinaires. Dans un second temps, nous analysons les visuels élaborés selon une perspective sémio-communicationnelle (Berthelot-Guiet, 2013), c'est-à-dire en pointant les signes déployés dans chaque cas, afin de rendre compte des médiations en jeu et de ce qu'elles nous apprennent des

---

[24] En vue d'observer les effets de sens produits par les mises en communication de ces démarches publiques antidiscriminatoires, nous nous appuyons, d'une part, sur la campagne d'avril 2016 intitulée « Les compétences d'abord » du ministère du Travail, de l'Emploi, de la Formation professionnelle et du Dialogue social (MT) en France et, d'autre part, sur la campagne lancée en mars 2017, intitulée « Donne-moi 1 minute », portée par le Centre interfédéral pour l'égalité des chances (rebaptisé récemment UNIA). Notre corpus d'étude englobe les sites internet dédiés à ces deux campagnes, de leurs relais institutionnels et médiatiques, ainsi que l'ensemble des visuels de documents faisant partie des campagnes (affiches, cartes postales, kits, etc.) : *cf. infra* figures 1, 2, 3.

représentations collectives, des stratégies d'action sociales et politiques. Nous montrons ainsi comment, alors que la question de la « race » est savamment enrobée dans un ensemble d'informations juridiques et pratiques, la « *monstration des minorités* » (Macé, 2007) dans la communication visuelle agit en contexte républicain tel un « retour du refoulé », constituant un second discours qui signale le rapport embarrassé à l'ethnicité (Doytcheva, 2007).

1. Communiquer sur les préjugés : enjeux institutionnels et politiques

1.1 L'inscription institutionnelle

Les deux campagnes furent orchestrées par des instances qui relèvent des pouvoirs publics des deux États considérés. Nous verrons les spécificités de l'ancrage institutionnel de la campagne française avant de nous pencher sur l'inscription sociale de la campagne belge. En France, le contexte de lancement par le ministère du Travail, en association avec celui de la Ville, de la campagne « Les compétences d'abord »[25] fut particulier. En avril 2016, le mécontentement général autour de ladite « loi travail » (ou « loi El Khomri ») bat son plein, du fait notamment de la pérennité des manifestations populaires et citoyennes (celles qui ont lieu sous l'étiquette de « Nuit Debout »). En pleine crise de légitimité politique, le gouvernement choisit néanmoins de lancer cette campagne de sensibilisation aux discriminations à l'embauche, qui avait été prévue indépendamment de la loi El Khomri. Elle s'appuie sur les résultats d'un *testing* réalisé en amont auprès de plusieurs dizaines entreprises (de plus mille salariés), ainsi qu'auprès d'organismes de la fonction publique. L'opération fait suite à différents travaux : les rapports Sciberras (2015, 2016) dont le premier, en particulier, ne réquisitionne plus comme obligatoire le CV anonyme, mais préconise justement la réalisation de *testings* d'« ampleur » ; les travaux de l'Institut Montaigne (2014), qui montre notamment dans son bilan des politiques de diversité, qu'à compétences égales, il subsiste de fortes discriminations à l'embauche, à raison de différents critères pourtant prohibés par la loi, dont celui de la conviction religieuse en particulier. La campagne intègre également les résultats du huitième baromètre

[25] http://www.gouvernement.fr/argumentaire/lescompetencesdabord-lutter-contre-les-discriminations-a-l-embauche-4409

IFOP, (Défenseur des droits et Organisation Internationale du Travail) sur la perception des discriminations à l'embauche auprès des demandeurs d'emploi (DDD, 2015)

Au niveau des supports institutionnels, nous relevons donc trois lieux majeurs d'inscription : le site du ministère du Travail (MT)[26], celui du CGET (Commissariat Général à l'Égalité des Territoires alors rattaché au Premier ministre)[27] et celui du gouvernement[28]. Le site du ministère du Travail est le plus complet avec de nombreuses pages dédiées à l'accompagnement de la lutte contre les discriminations et à l'explicitation de ses enjeux à la fois socio-politiques et communicationnels. Son slogan – « *Les compétences d'abord* » – fut relayé sur les réseaux sociaux *via* un *hashtag* homonyme. La campagne est constituée de trois affiches principales avec trois visuels associés (figure 1).

---

[26] Ministère du Travail : http://travail-emploi.gouv.fr/grands-dossiers/lutte-contre-les-discriminations/discrimination/

[27] CGET: http://www.cget.gouv.fr/actualites/contre-les-discriminations-a-l-embauche-la-loi-et-les-competences-d-abord

[28] Gouvernement : http://www.gouvernement.fr/argumentaire/lescompetencesdabord-lutter-contre-les-discriminations-a-l-embauche-4409

Figure 1 : Les trois visuels de la campagne « Les compétences d'abord »

(pour les images en couleur voir la publication en ligne)

Visuel 1 : Jeunes femmes

Visuel 2 : Jeunes hommes

Visuel 3 : Hommes en veste

Elle fut diffusée par voie d'affichage urbain dans les transports en commun *via* des panneaux publicitaires de quatre mètres par trois dans le métro parisien et dans des espaces d'affichage plus réduits ailleurs avec un format adapté. Suscitant notre vif intérêt, nous avons exploré les sites internet qui l'ont relayée et complétée. Ainsi les premiers résultats donnés par la requête « les compétences d'abord » dans le moteur de recherche « Lilo », nous ont permis de constater qu'une grande variété d'acteurs s'en est fait l'écho, en particulier institutionnels et médiatiques : France 24[29], chefdentreprise.com[30], le magazine féminin *Elle*[31] ou encore la chaîne de télévision Public Sénat[32], mais aussi diverses pages web relatives aux activités

[29] Le site Mashable de la chaîne de télévision France 24 : http://mashable.france24.com/monde/20160418-competences-dabord-campagne-discriminations

[30] Un média en ligne dédiée à l'information professionnelle des chefs d'entreprise : http://www.chefdentreprise.com/Thematique/rh-management-1026/Breves/Les-competences-abord-plan-lutte-gouvernement-lutter-contre-discriminations-303962.htm#iLERlWK28cLVX3r5.97

[31] *Via* sa rubrique Société : http://www.elle.fr/Societe/News/Les-competences-d-abord-la-campagne-du-gouvernement-contre-les-discriminations-3083137

[32] Le site de la chaîne de télévision publique Public Sénat : https://www.publicsenat.fr/lcp/politique/competences-dabord-gouvernement-lance-une-campagne-contre-discriminations-l-embauche-1

économiques locales en région[33]. Ainsi, des médias grand public mais aussi des pages numériques locales semblent avoir considéré important de participer à la diffusion de cette campagne, sans qu'aucune consigne formelle de médiatisation de la part des acteurs publics ne puisse être relevée. La lecture des « *discours relais* » permet d'observer une reprise assez large des « *éléments de langage* » (Krige-Planque, Oger, 2017) contenus dans le « kit de presse » qui accompagne la campagne sur les sites institutionnels.

Les supports de communication de la campagne belge intitulée « Donne-moi 1 minute »[34], portée par le Centre interfédéral pour l'égalité des chances en Belgique ont été diffusés le 21 mars 2017, journée internationale pour l'élimination de la discrimination raciale. Nous remarquons ainsi qu'à la différence de la stratégie française qui s'inscrit avant tout dans un processus bureaucratique de travaux institutionnels, la stratégie belge s'ancre d'emblée dans une symbolique antiraciste aux connotations plus militantes et politiques. Le centre interfédéral pour l'égalité des chances, rebaptisé UNIA en 2016, constitue l'institution belge de référence en matière de lutte contre les discriminations dans tous les domaines et promeut, sous ce nouveau label, une image de proximité. La campagne « Donne-moi 1 minute » vise à sensibiliser aux différents stéréotypes et réflexes stigmatisants. Elle se décline en plusieurs supports de communication papier et numérique avec, en particulier, un kit[35] comprenant différents visuels édités sur des formats de cartes postales en plus d'affiches (figure 2), ainsi que de reprises sur les réseaux socio-numériques et le site internet d'UNIA. Elle vise, dans son format même, une appropriation par la population ciblée à un niveau individuel, ce qui contraste avec la campagne française davantage dirigée vers les organisations, leurs dirigeants et leurs ressources

[33] Exemples : régions job (site d'annonces d'emploi) : http://www.regionsjob.com/actualites/discrimination-embauche-competences-dabord.html ; le monde des artisans : https://www.lemondedesartisans.fr/actualites/une-campagne-contre-la-discrimination-lembauche et le site Grand-Est Direccte (http://grand-est.direccte.gouv.fr/Les-competences-d-abord)

[34] Site de la campagne UNIA en français et en néerlandais : http://www.unia.be/fr/sensibilisation-et prevention/campagnes/donne-moi-1-minute

[35] Donne-moi une minute toolkit : http://www.unia.be/fr/sensibilisation-et-prevention/outils/donne-moi-1-minute-toolkit

humaines, dont le propos est plutôt axé sur le coût social global des discriminations en emploi.

Figure 2 : Campagne UNIA « Donne-moi 1 minute » – éléments visuels

(pour les images en couleur voir la publication en ligne)

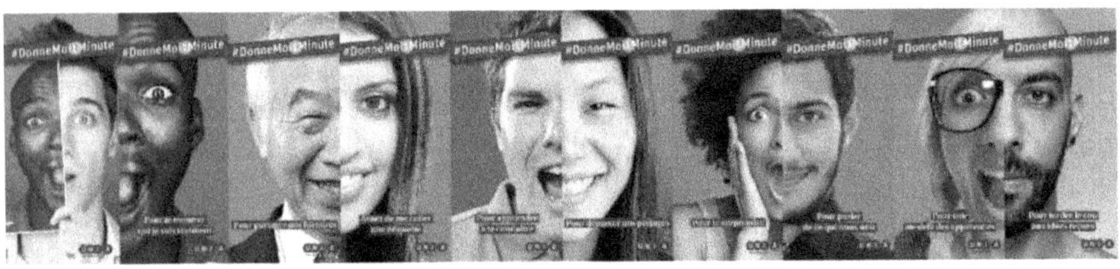

Visuel 1 : Les différents visuels des cartes postales « #DonneMoi1minute » d'UNIA

Visuel 2 : Les trois slogans de la campagne « #DonneMoi1minute » d'UNIA

1.2 Des modalités socio-discursives différentes pour une posture universaliste partagée

Les moments de diffusion des deux campagnes sont très proches (à un an d'intervalle) et elles visent toutes les deux une sensibilisation aux discriminations, focalisant leurs efforts sur la lutte contre les stéréotypes et préjugés. Leurs angles d'attaque divergent toutefois avec une campagne française davantage inscrite dans le registre économique et gestionnaire de la « *compétence* »[36], et une campagne belge plus ludique, qui vise un public jeune en particulier. Ainsi, la campagne d'affichage française est entièrement axée sur l'emploi et l'embauche en particulier. Le *hashtag* #LesCompétencesDabord

[36] Doytcheva (2015) et dans ce volume.

exprime un principe, une maxime, une règle de conduite universelle et généralisable. Il ne se focalise pas, *a priori*, sur une forme de discrimination plutôt qu'une autre, ni même sur la nature des préjugés à déconstruire, alors que, nous le verrons, c'est la discrimination raciale qui est ciblée en filigrane. La notion de « compétences professionnelles » est sacralisée, promue de manière abstraite et non critique en standard universel pour l'évaluation des pratiques. Sur le site du CGET on peut ainsi lire : « *Pour lutter contre les discriminations à l'embauche, un seul critère doit prévaloir : #LesCompétencesDabord* »[37]. Le discours d'accompagnement est orienté en conséquence, de manière à souligner l'écart à cette norme, pensé comme étant à l'origine des discriminations.

Néanmoins, dans les visuels des affiches diffusées (nous y reviendrons en seconde partie) est uniquement mise en scène la dimension raciale ou ethno-raciale, alors que la mention explicite des discriminations raciales n'est présente que sur le site d'UNIA et absente de celui du ministère du Travail, lequel rappelle davantage la multiplicité des critères de discrimination prohibés par la loi. L'actualité des problématiques de racisme sur laquelle s'appuient les deux campagnes, contraste ainsi avec son traitement institutionnel beaucoup plus discret, surtout dans le contexte français.

En effet, en accompagnement de ces affiches de l'information détaillée est présentée sur le site du ministère du Travail. L'énonciation éditoriale des écrits d'écran (Jeanneret et Souchier, 2005) découpe le site en plusieurs parties qui forment des rubriques[38] dont les modes d'adresse différenciés anticipent une réception par des lecteurs aux statuts variés (grand public, organisations, candidats, recruteurs, journalistes, etc.). Les tournures utilisées sont impersonnelles, l'aspect factuel et juridique du discours contribue à asseoir l'aspect institutionnel. Des éléments techniques (conseils et informations juridiques, bonnes pratiques) se trouvent dans la rubrique « Agir pour… », avec également des liens qui renvoient vers le site du

---

[37] http://www.cget.gouv.fr/actualites/contre-les-discriminations-a-l-embauche-la-loi-et-les-competences-d-abord

[38] Par exemple, dans l'ordre d'apparition sur le site : « Discriminations à l'embauche, de quoi parle-t-on ? », « Agir pour la lutte contre les discriminations à l'embauche », « Candidat-e-s à l'embauche : outils et conseils », « Entreprises : bonnes pratiques pour recruter sans discriminer », et « Relayer la campagne #LesCompétencesDabord ».

Défenseur des droits et son appel à témoignages sur les discriminations en matière d'emploi. La notion d'« origines » n'apparaît sur le site qu'afin de recevoir des signalements et d'enregistrer des plaintes pour discrimination. Cette simple mention d'« origines », en l'absence de supplément de précision, peut connoter le critère ethno-racial, mais aussi l'origine sociale, géographique des individus. L'indifférenciation confère donc un flou, une ambiguïté, voire stipule une continuité entre les deux. La référence contenue dans la formulation « *Jeunes, origines et discrimination à l'embauche* » est celle de la catégorie « issus de l'immigration », catégorie à laquelle sont raccrochés des attributs tant ethno-raciaux que socio-économiques. La dimension spécifiquement ethno-raciale[39] des discriminations potentiellement subies – qui a été diluée dans une « *promotion de la diversité* » au large spectre (Doytcheva, 2010) – est donc lisible dans cette campagne, mais seulement en filigrane et de manière implicite.

La campagne belge et les discours qui l'accompagnant portent un message davantage axé sur la sensibilisation des citoyens aux préjugés et stéréotypes racistes. « Donne-moi 1 minute » invite globalement les personnes à se saisir des visuels de la campagne, à se les approprier et à jouer avec en faisant appel à leur créativité, et cela dans le but de susciter une approche réflexive des préjugés ordinaires. Elle propose de prendre un temps relativement court (une minute), pour se confronter aux stéréotypes, plus spécifiquement racistes et sexistes, dans le but de les déconstruire. Le discours, moins institutionnel, non juridique, cible davantage un public jeune selon des modalités ludiques, ou euphoriques, et qui laissent place à l'appropriation des images. Le message se décline en trois volets : « *Donne-moi 1 minute pour dépasser nos préjugés* », « *Pour te surprendre* », « *Avant de me coller une étiquette* ». Son objectif principal est de faire prendre conscience de l'absurdité des préjugés et pour cela la campagne propose de mettre en place un mouvement de distanciation critique

[39] La catégorisation ethno-raciale est une assignation totalement *sociale* qui, à partir d'une perception, infère une qualité identitaire particulière à l'individu le renvoyant à un groupe d'appartenance réelle ou supposée. En effet, « *des catégories comme la "race" ou le "sexe", [...], sont [...] souvent qualifiées d'*ascriptives, *dans la mesure où elles désignent les individus en fonction de caractéristiques définies par la naissance ou susceptibles d'être naturalisées. De façon corrélée, elles charrient une dimension collective faisant référence à autant de "communautés"* » (Doytcheva, 2007 : 36).

vis-à-vis des préjugés, mouvement qui serait à initier par les personnes faisant les frais elles-mêmes de potentielles discriminations. Elle invite également à la prudence vis-à-vis des représentations médiatiques stéréotypées[40].

Figure 3 : Visuel de l'affiche du dispositif de sensibilisation « Gare aux jeunes » en lien avec la campagne « Donne-moi 1 minute » (pour les images en couleur voir la publication en ligne)

La campagne belge est constituée de manière à susciter une action dans l'espace public, avec des interventions *in situ* de la part d'UNIA (figure 3 ci-contre), parallèlement à une diffusion sur les réseaux socio-numériques. Au dos des cartes postales porteuses des visuels, on trouve les propos suivants : « *Sois créatif pour combattre le racisme ! Fais savoir au monde que tu es bien plus qu'une étiquette. Poste un selfie avec cette carte ou réalise une vidéo d'une minute pour faire savoir qui tu es ou faire tomber les préjugés. Partage ta créativité sur les réseaux sociaux avec le #DonneMoi1Minute* »[41]. Ce mode d'adresse construit un destinataire plutôt jeune du fait du tutoiement et des tournures de phrases qui invitent à l'action.

[40] « *La télévision, les réseaux sociaux, les journaux, influencent notre manière de penser. Mettre les gens dans des cases, nous le faisons tous chaque jour. Ça t'arrive aussi de juger quelqu'un au premier regard ? Ou alors qu'on te colle une étiquette ? Utilise dès à présent #DonneMoi1Minute et fais part de ton histoire* », peut-on lire sur le site.

[41] http://www.unia.be/fr/sensibilisation-et-prevention/outils/donne-moi-1-minute-toolkit

Les modes d'adresse, tout comme les modalités d'anticipation de la réception des campagnes sont ainsi distincts selon les contextes nationaux. Il ne reste pas moins qu'elles s'inscrivent toutes deux dans une perspective universaliste. Cela peut s'expliquer, d'une part, en référence à des enjeux socio-politiques similaires : le régime politique républicain, et les contextes (post-)migratoires sont comparables dans les deux pays, ainsi que les histoires coloniales respectives (Bentouhami-Molino, 2015), ayant mené à la banalisation de discours et d'actes xénophobes et racistes. Les campagnes émanent, d'autre part, toutes deux d'institutions gouvernementales qui font autorité et la lutte contre les stéréotypes et des discriminations, préconisée au niveau européen, y apparaît directement légitime et crédibilisée. L'analyse des discours d'accompagnement de ces campagnes permet de dire que, dans les deux cas, le présupposé est que le sujet concerne tout le monde et le propos central s'adresse à un « tous », dont l'universalité est la marque de principe. Cela est également corroboré par les modes de diffusion des campagnes, toutes deux présentées dans des espaces publics de forte affluence dans de grands centres urbanisés (et non dans des espaces plus restreints ou spécifiques à tel ou tel type de lutte ou de sujet de société). Si la campagne belge fonctionne sur le principe de la déconstruction des stéréotypes et préjugés par le public lui-même, tandis que celle française œuvre dans le sens d'une mise en garde institutionnelle par l'affirmation d'une règle supposée neutre et universelle, les deux campagnes semblent informées par une même posture républicaine, relative au bien « vivre ensemble ». Leurs visuels sont également construits autour de portraits qui représentent différentes figures d'altérité racisée (Fassin, 2010), mettant en œuvre des formes particulières de *sémiotisation* de la « race » que nous allons à présent étudier.

2. Sous les postures institutionnelles, les signes visuels : montrer pour ne pas dire la « race »

2.1 Des compositions visuelles symétriques

En effet, les deux campagnes proposent des énonciations visuelles (Bruneel, 2012) qui, du point de vue de la structuration des images et des procédés utilisés, montrent une étonnante similarité. La richesse visuelle des affiches (Fresnault-Déruelle, 2011) de la campagne « Les compétences d'abord », puis des cartes postales de « Donne-moi 1 minute », renferme de véritables similitudes formelles, qui partagent des objectifs communs, mais produisent également des effets de sens propres. Dans chaque cas, nous sommes en présence de deux demi-visages qui, réunis l'un avec l'autre, n'en forment plus qu'un ; avec un ajustement très précis concernant les hauteurs de fronts et les autres éléments de composition des visages (nez, bouche, sourcils) dans la campagne française en particulier (figure 1).

Dans la campagne belge, la symétrie est assez bien respectée également chez le personnage qui tient à la main un visuel découpé et l'accole à la moitié de son propre visage pour former un visage à deux morceaux (figure 2 et 3). Pour les autres visuels, la frontière que constitue l'axe entre chaque duo ne joue pas exactement le rôle d'axe de symétrie, la dynamique zygomatique de certains visages rendant les choses plus floues. De plus, les cartes composées de demi-visages ont pour fonction d'être découpées afin d'être recomposées dans des *selfies* ou des vidéos. La composition visuelle est travaillée pour être ludique avec des sourires, des expressions étonnées ou joyeuses. Le message concernant les discriminations à l'embauche et les risques juridiques encourus est ici absent (bien qu'il entre dans les prérogatives d'UNIA), l'accent étant porté sur la mobilisation et la mise en action d'un public jeune.

La campagne française peut, en revanche, davantage perturber, tant la symétrie est nette entre les deux visages assemblés, pourtant différents sur le plan phénotypique, que l'on peut jusqu'à y voir un être biface en cours de transformation[42]. Un tel choix visuel réduit, selon nous, la possibilité d'interpréter d'emblée qu'il s'agit de deux personnes différentes, dont l'une subit un traitement injuste et l'autre non, traitement présenté dans chacun des récits visuels comme une discrimination raciste. La lecture de ces énoncés peut ne pas se faire et le message porté peut, comme pour toute autre campagne publicitaire, n'être ni perçu ni reçu. Tous les binômes portent des vêtements similaires (chemises à la tonalité bleue, dans un cas avec veste) qui connotent la classe moyenne, un « travail de bureau », sans toutefois préciser de métier en particulier. Par la présentation minimaliste des paroles rapportées, le dispositif visuel souligne les modalités banales et ordinaires par lesquelles opèrent ces attitudes discriminatoires et passe également sous silence le fait que le travail ouvrier, agricole, ou

[42] Tel par exemple un « Double Face » ou « Docteur Jekyll et Mister Hyde ».

dans le bâtiment sont des secteurs d'emploi racisés, mais non exempts de discrimination pour autant. Le propos reste donc, nous l'avons vu, généraliste à dessein : il s'agit de permettre au plus grand nombre de s'identifier aux situations et d'en tirer une sorte de leçon. Dans les visuels, en revanche, la représentation du phénotype est travaillée de manière ostentatoire, rendant lisible le fait qu'un traitement discriminatoire a lieu en particulier envers les personnes perçues comme « non-blanches », c'est-à-dire assignées à une identité racialisée dominée (Dorlin, 2007). Bien que la différence de tonalité soit infime dans le cas par exemple des jeunes hommes montrés (figure 1).

2.2 Quand montrer, c'est ne pas dire : dénoncer les discriminations liées à « l'origine » par le visuel

Les traits phénotypiques des personnes montrées pour avoir subi un traitement défavorable sont donc construits et saisis cognitivement comme des attributs raciaux. Sous chacun des visuels l'on peut lire en effet : « *À compétence égale, le nom ou l'origine peuvent obliger à envoyer quatre fois plus de CV pour décrocher un entretien* ». La fonction d'ancrage (Barthes, 1964) de ce « message constatif » évite ici de nommer la « race » comme critère effectif de différenciation (pourtant ciblé par les visuels), en parlant d'origine et de patronyme (pourtant absents des images). L'amalgame entre ces différents critères de discrimination opère ici par la mise en exergue de leurs effets concrets, supposés identiques, en termes d'embauche. Cette mise en équivalence entre « figure racialisée », « origine », « patronyme » ou « adresse » est portée par la campagne et ses relais. Un article issu du site de Public Sénat mentionne : « *Afin de lutter contre les discriminations à l'embauche et le "sentiment d'humiliation" des jeunes de quartiers, le gouvernement a lancé* [...] »[43]. Pourtant, la mention « jeunes de quartiers » n'est pas présente explicitement dans les affiches. Il semble donc que la prise en considération, ainsi que l'adresse spécifique à ce public ainsi construit et désigné, soit un enjeu au cœur de la campagne du ministère du Travail, mais envisagé seulement à demi-mot par les affiches qui ne présentent pas exclusivement de jeunes « de cité » (figure 1). Les discours institutionnels ne mentionnent que les vocables : lieu de

---

[43] https://www.publicsenat.fr/lcp/politique/competences-dabord-gouvernement-lance-une-campagne-contre-discriminations-l-embauche-1

résidence, patronyme, « origine ». Bien qu'implicite, le signifié « jeunes des quartiers » a été compris en filigrane de ces éléments, et c'est ainsi que Public Sénat s'en fait le relais. En substance, les discriminations à l'encontre des jeunes défavorisés sont montrées comme basées sur plusieurs caractéristiques cumulées qui mènent à l'exclusion de l'emploi, et dont la plus aisée à visualiser est les traits phénotypiques, connotant une « origine » réelle ou supposée. Sur la plateforme dédiée du Défenseur des droits, on peut lire : « *Appel à témoignages. Jeunes, origines et discrimination à l'embauche* ». Sans même frontalement les critiquer, les privilèges à l'embauche liés à la domination « blanche » (Cervulle, 2013) qui structure la société, sont ici rendus tangibles par la narration engagée : les trois personnages signifiés comme « blancs » sont ceux qui accueillent spontanément des réponses positives du recruteur, là où les autres reçoivent des réponses moins claires ou négatives (figure 1).

Le propos qui se dégage est donc celui d'une ostentation claire de ces privilèges et des défaveurs subies par les personnes racisées, ce qui contraste avec les postures généralistes, informatives et juridiques, analysées par ailleurs. La campagne explicite l'existence d'inégalités de traitement et met en scène afin de les dénoncer deux types de profils racisés, ceux de deux personnes noires (un homme et une femme) et une autre (un homme), pouvant être perçu dans le contexte français comme « arabe » ou « maghrébin ». Dans les deux cas, l'ostentation visuelle nécessaire à cette mise en exergue de la « race » s'appuie sur ces figures choisies pour opérer des contrastes forts dans la mise en parallèle des visages. Les nuances de coloris des peaux des figures présentées jouent à plein ce rôle dans des perspectives interprétatives différentes : dénoncer le favoritisme et donc les inégalités dans le cas français, faire prendre conscience que les différences physiques ne méritent pas d'être des sources de jugements hâtifs, dans le cas belge.

La campagne belge est bâtie en effet sur une posture davantage préventive qui est celle d'UNIA : il s'agit d'anticiper les risques d'incorporation de préjugés avant qu'ils n'adviennent. Elle propose un dispositif visuellement proche, mais qui fonctionne différemment en termes d'usage : les différents demi-portraits des cartes postales sont là pour être appropriés par le public qui est invité à prendre la parole sur le sujet, à s'exprimer publiquement, à raconter son expérience en vue de « *combattre le racisme* ». Ils sont également davantage pluriels en termes de types de figures racisées : la campagne belge ne se cristallise pas sur les seules figures perceptibles comme « noires » ou « arabes » dans les formes visuelles présentées (bien que celles-ci soient identifiables en masculin et en féminin au milieu des autres). Elle montre aussi un homme âgé et une jeune femme tous deux reconnaissables comme « asiatiques », ainsi qu'une femme blonde et trois jeunes hommes blancs différents. Certaines figures sélectionnées sont ambiguës (elles ne réfèrent pas clairement à phénotype), ce qui construit un propos plus subtil, moins caricatural.

Partie prenante de la stratégie de communication visuelle, le processus de racialisation des figures à l'œuvre dans ces deux campagnes n'hésite pas à pointer du doigt la dimension spécifiquement raciste des discriminations. Dans ces manières de montrer sont en jeu des ajustements sémiotiques pour faire dire la « race » aux couleurs de peau et aux traits de visage. Le procédé de racialisation des figures consiste ici à les signifier visuellement comme des exemples, des idéaux-types de groupes racisés ; elles fonctionnent comme des symboles. L'apparence physique relative au phénotype fonctionne comme le support visuel d'un « signe racial », c'est-à-dire comme signe social pertinent pour signifier du même coup et sans distinction explicite une spécificité corporelle, une provenance géographique, un rapport à la migration, une appartenance collective. Il s'agit d'un *procédé de sémiotisation*[44] qui permet de visibiliser la « race » sans la nommer explicitement. Ces marqueurs raciaux sont néanmoins inscrits de manière floue dans les formulations – « discriminations liées à l'origine réelle ou supposée » ou « jeunes issus de l'immigration » – gardant une ambiguïté sur le type de discriminations subies, et évitant surtout d'employer le mot tabou de « race », dans le contexte français en particulier. Ainsi, la campagne française, tout en usant de figures visuelles qui sémiotisent de manière ostentatoire les traits phénotypiques par un jeu de contrastes entre les demi-visages juxtaposés, se tait par ailleurs sur les discriminations proprement raciales. De son côté, en mobilisant des figures marquées par des

---

[44] On peut définir le procédé de sémiotisation comme un processus par lequel quelque chose de sensible, ou de perceptible par les cinq sens (un objet, une caractéristique, un attribut, une spécificité, etc.) est saisi et choisi pour remplir le rôle de signe (lieu de combinaison d'un signifiant et d'un signifié) dans le cadre d'une mise en signification du réel, d'une proposition de sens de la part d'un énonciateur situé, à l'intérieur d'un contexte où celle-ci est susceptible de revêtir une valeur.

spécificités de genre, de « race », ou d'âge, l'ensemble des portraits de la campagne belge constitue une sorte de mise en scène de « la diversité », qui pointe en filigrane la dimension croisée et intersectionnelle des rapports sociaux de domination, faisant montre d'adéquation à une pluralité de luttes (antisexiste, anti-âgiste, anti-homophobe, etc.).

Mais, bien que cette déconstruction des stéréotypes vise à faire prendre conscience de la multiplicité des préjugés pour les disqualifier, elle reste tout de même arrimée de manière transversale aux enjeux antiracistes. Les formes de racialisation en présence dans les deux campagnes ont donc pour fonction d'être des signes muets de la « race » à des fins de signification de celle-ci, en tant que critère à disqualifier en termes de sélection, à l'embauche et au-delà.

2.3 Quelle sémioclastie de la « race » ?

La comparaison de ces deux discours institutionnels de sensibilisation aux préjugés nous a permis de montrer que les formes de communication publique développées pour lutter contre les discriminations instaurent des relations variées quant à cet enjeu sociopolitique particulier. Quoiqu'empruntant des formes visuelles similaires conduites par une même logique catégorielle ethno-racialisée, leurs régimes discursifs se trouvent diverger, dans la mesure où les modes d'adresse, les postures politiques et les inscriptions sociétales sont, comme nous l'avons montré, différenciées. L'enjeu politique est ici intriqué dans un enjeu représentationnel et communicationnel, qui vise dans un cas comme dans l'autre une prise de conscience quant à la problématique sensible d'une racialisation des questions sociales (Fassin et Fassin, 2006). Les deux dispositifs tentent également de pallier la difficulté politique à aborder ces sujets en public, dans des contextes qui nient parfois l'existence des rapports sociaux de « race » et ramènent le plus souvent l'ensemble à des problèmes de pure justice sociale et économique.

Nous pouvons en conséquence nous demander quelles *sémioclasties* de la « race » y sont élaborées. La sémioclastie consiste en un « *geste de mise au jour de la violence symbolique dans les discours et idéologies dominant le champ médiatique d'une époque* » (Kunert et Seurrat, 2012). Cette démarche est fréquemment mobilisée par les groupes militants pour mettre au jour et lutter contre divers stéréotypes. Dans une perspective antiraciste, le point nodal commun aux deux campagnes est de proposer de parler publiquement des préjugés conduisant à toutes sortes de discriminations, en montrant comment ils fonctionnent en situation et en invitant les récepteurs potentiels de ces messages à s'en défaire. Ces deux campagnes œuvrent chacune à leur manière à une déconstruction des signes qui supportent des stéréotypes relatifs aux personnes racisées, sur lesquelles nous l'avons vu l'accent est porté dans les visuels en priorité. Elles placent au cœur de leur discours l'idée selon laquelle, dans les sociétés française et belge, coexistent des personnes différentes, dont certaines se voient discriminées du fait de leurs couleurs de peau ou de leurs traits phénotypiques en particulier. Dans les deux cas, a lieu une dénonciation claire des discriminations raciales qui perdurent – voire se renforcent du fait de la normalisation politique des discours xénophobes – dans ces sociétés.

Conclusion

Ainsi, malgré les formes de racialisation observées, il reste que c'est bien une vision républicaine de la coexistence collective pacifique et respectueuse des spécificités de chacun qui, en filigrane, est proposé comme objectif de vie commune souhaitable par ces campagnes. Celles-ci visent également à faire valoir les postures et les orientations politiques choisies en matière d'égalité et d'antiracisme de la part des acteurs publics. La perspective républicaine « d'indifférence aux différences » est retravaillée en direction d'une attention plus soutenue aux questions raciales, tout en ne mentionnant pas très clairement ce critère de discrimination socialement à l'œuvre. Non contentes de visibiliser ce sujet tabou sans le nommer, ces campagnes semblent aussi là simplement pour montrer la prise en charge institutionnelle du problème. Ainsi, la racialisation des figures dans ces affiches vient paradoxalement faire taire la « race » : ou bien en la montrant mêlée à d'autres sources de préjugés, ou bien en la plaçant sous le critère de la compétence professionnelle qui doit venir l'effacer. En effet, les procédés sémiotiques à l'œuvre dans ces images contribuent à rendre visible et lisible un phénomène habituellement refoulé par l'idéal égalitariste républicain. La racialisation stratégique fonctionne donc ici comme une mise en sens sociologique de la « race » afin de la disqualifier.

Bibliographie :

Barthes R. (1964), « Rhétorique de l'image », *Communications*, n° 4, Recherches sémiologiques, pp. 40-51.

Bentouhami-Molino H. (2015), *Race, cultures, identités : une approche féministe et postcoloniale*, PUF, coll. « Philosophies ».

Berthelot-Guiet K. (2015), *Analyser les discours publicitaires*, Armand Colin.

Bruneel E. (2012), « *La fabrique de la "diversité" dans les discours de l'entreprise : entre thématique sociopolitique et schème représentationnel, étude d'une dynamique symbolique*, mémoire de Master 2 en S.I.C, sous la dir. de K. Berthelot-Guiet, CELSA Paris-Sorbonne.

Cervulle. M. (2013), *Dans le blanc des yeux : diversité, racisme et médias*, Amsterdam.

Défenseur des droits, Organisation internationale du travail (2015), *8e Baromètre de perception des discriminations dans l'emploi*, avec le concours de l'IFOP. Voir aussi 9 et 10.

Dorlin E. (2007), *Sexe, Race, Classe. Pour une épistémologie de la domination*, PUF, coll. « Actuel Marx ».

Doytcheva M. (2007), *Une discrimination positive à la française ? Ethnicité et territoire dans les politiques de la ville*, La Découverte.

Doytcheva M. (2010), « Usages français de la notion de diversité : permanence et actualité d'un débat », *Sociologie*, vol. 1, n° 4, pp. 423-438.

Doytcheva M. (2015), *Politiques de la diversité. Sociologie des discriminations et des politiques antidiscriminatoires au travail*, Peter Lang.

Fassin E., Fassin D. (2006), *De la question sociale à la question raciale ?* La Découverte.

Fassin D. (2010), *Les nouvelles frontières de la société française*, La Découverte.

Fresnault-Déruelle P. (2011), *L'intelligence des affiches*, Pyramyd.

Institut Montaigne (2014), *Dix ans de politiques de diversité : quel bilan ?*, [en ligne].

Jeanneret Y., Souchier E. (2005), « L'énonciation éditoriale dans les écrits d'écran », *Communication et langages*, n° 145, pp. 3-15.

Krieg-Planque A. (2014), *Analyser les discours institutionnels*, Armand Colin.

Krieg-Planque A., Oger C. (2017), « Éléments de langage », *Publictionnaire. Dictionnaire encyclopédique et critique des publics*, [en ligne].

Kunert S., Seurrat A. (2012), « Sémioclastie militante : agir sur la symbolique des discours médiatiques », *Actes du colloque international ORC IARSIC-ESSACHESS*, pp. 171-183.

Kunert S., Seurrat A. (2013), « De la "publicité sociale" : lorsque les marques communiquent sur "la lutte contre les discriminations" et la "promotion de la diversité" », *Communication & management*, vol. 10, pp. 63-78.

Macé E. (2007), « Des "minorités visibles" aux néostéréotypes », *Journal des anthropologues*, [en ligne].

« À LA DIFFÉRENCE DE LA STRATÉGIE FRANÇAISE QUI S'INSCRIT AVANT TOUT DANS UN PROCESSUS BUREAUCRATIQUE DE TRAVAUX INSTITUTIONNELS, LA STRATÉGIE BELGE S'ANCRE D'EMBLÉE DANS UNE SYMBOLIQUE ANTIRACISTE AUX CONNOTATIONS DAVANTAGE MILITANTES ET POLITIQUES. »

« DANS LA CAMPAGNE FRANÇAISE, LA NOTION DE "COMPÉTENCES PROFESSIONNELLES" EST SACRALISÉE, PROMUE DE MANIÈRE ABSTRAITE ET NON DISTANCIÉE EN STANDARD UNIVERSEL POUR L'ÉVALUATION DES CONDUITES. »

« CEPENDANT QUE LE PROPOS RESTE GÉNÉRALISTE À DESSEIN : IL S'AGIT DE PERMETTRE AU PLUS GRAND NOMBRE DE S'IDENTIFIER AUX SITUATIONS ET D'EN TIRER UNE SORTE DE LEÇON. »

EMMANUELLE BRUNEEL

Entre perceptions accrues et recours marginaux : le paradoxe des discriminations selon l'apparence physique à l'embauche

Julie DUFLOS et Oumaya HIDRI NEYS

Julie Duflos est doctorante en deuxième année de thèse à l'Université d'Artois à l'Atelier SHERPAS (Équipe 3 de l'URePSSS, EA 7369). Sa thèse propose d'expliquer la persistance des discriminations à l'embauche selon l'apparence physique dans la distribution d'articles sportifs en particulier. Pour y parvenir, elle concentre son attention sur la manière dont sont fabriqués et socialisés professionnellement les recruteurs de ce secteur d'activité.
julieduflos1605@gmail.com

Oumaya Hidri Neys est maîtresse de conférences à l'Université de Lille 2 et directrice adjointe de l'Atelier SHERPAS (Équipe 3 de l'URePSSS, EA 7369). Ses travaux objectivent le poids des apparences physiques dans des contextes évaluatifs, et plus particulièrement lors de l'accès au marché du travail. Elle vient de soutenir, en décembre 2016 à l'Université d'Artois, une habilitation à diriger des recherches, intitulée : « l'insoutenable poids des apparences physiques. Contribution à une sociologie des discriminations ».
oumaya.neys@univ-lille2.fr

Introduction

Étymologiquement, discriminer renvoie au simple fait de séparer, de distinguer. Traiter quelqu'un différemment n'est donc pas discriminatoire sauf si « *le comportement ou l'acte tombe sous le coup d'une règle juridique qui le prohibe* » (Lochak, 2004 :14). Depuis la loi du 16 novembre 2001, le cadre législatif antidiscriminatoire français a grandement évolué. Le sujet, plus que prégnant dans la société française, est désormais reconnu comme un « *fait social* »

(Ferre, 2004 : 53). En témoigne, parmi d'autres éléments, le nombre en constante augmentation de critères prohibés dans le droit français. L'énonce de nouveaux critères peut résulter d'une volonté politique de lutter contre certains comportements comme ce fut le cas avec la loi du 1er juillet 1972 relative à la lutte contre le racisme ; d'une obligation de transposition du droit communautaire (loi du 27 mai 2008) ; d'« *une contrainte imposée par une évolution de la société et du lobbying* », comme ce fut le cas pour l'introduction de l'état de santé et du handicap avec la loi du 12 juillet 1990, alors que le SIDA se développe dans la société (Péru-Pirotte, 2009 : 16) ; d'études scientifiques (sociologie, économie, etc.) comme pour la loi du 16 novembre 2001 relative à la lutte contre les discriminations[1]. Pourtant, la définition même de la discrimination n'est apparue qu'avec la loi du 27 mai 2008, alors que la première occurrence de la notion en droit français date de 1972[2]. Juridiquement, il s'agit donc du fait de traiter défavorablement certaines personnes par rapport à d'autres (selon des critères et dans des domaines particuliers), personnes qui sont placées dans une situation comparable, en cas de discrimination directe, ou lorsque la situation apparaît neutre, en cas de la discrimination indirecte.

En France, le motif de l'apparence physique a été introduit dès la promulgation de la loi de 2001[3]. Le rapport de l'assemblée nationale n° 2609[4], à l'origine de cette loi, évoque son inclusion par effet de réaction à des faits d'actualité, tels le licenciement d'une vendeuse à raison de sa couleur de peau jugée inadéquate par rapport au rayon dans lequel elle exerçait, ou encore la mention de « *race blanche* »,

---

[1] Selon Laurence Péru-Pirotte (2009 : 16), « *le rapport de Jean-Michel Belorgey avait ainsi nourri la réflexion du législateur en 2001* » (Rapport de Jean-Michel Belorgey à la ministre de l'Emploi et de la Solidarité, 6 avril 1999).

[2] Selon le premier article du titre I de la loi du 1er juillet 1972, sont précisées les sanctions encourues par « *ceux qui* (…) qui *auront provoqué à la discrimination, à la haine ou à la violence* (…) ». Le titre II est quant à lui intitulé « De la répression des discriminations raciales ».

[3] Article L. 122-45 du Code du travail ; article 225-1 du Code pénal ; article 6 de la loi Le Pors (loi du 13 juillet 1983 portant droits et obligations des fonctionnaires). En revanche, son ajout à la loi de 2008 est beaucoup plus récent et date de la loi du 18 novembre 2016 de modernisation de la justice du XXIe siècle.

[4] Fait au nom de la Commission des affaires culturelles, familiales et sociales sur la proposition de loi (n° 2566) de Jean Le Garrec relative à la lutte contre les discriminations, par Philippe Vuilque, député, et enregistré à la présidence de l'Assemblée nationale le 4 octobre 2000.

d'une personne ayant une « *bonne tête* » dans une annonce d'offre d'emploi (Péru-Pirotte, 2009). Le rapport justifie en outre l'ajout de l'apparence physique suite au contentieux entre une compagnie aérienne américaine et certaines de ses hôtesses. La compagnie avait instauré un poids à ne pas dépasser en fonction du sexe, de l'âge et de la taille des employé-es sous peine de suspension, voire de résiliation de contrat, ce qui induit, d'après le rapport, l'existence d'une discrimination selon l'apparence physique « *souvent méconnue ou niée* ». Les exemples choisis mettent tous en avant le caractère multidimensionnel de l'« apparence physique », que confirment également des enquêtes récentes (DDD, 2016), montrant ainsi son association avec des attributs tels que l'âge, la grossesse, le handicap, la couleur de peau, etc. Selon le neuvième baromètre du Défenseur des droits (2016), qui s'est pour la première fois penché sur le critère, même si « *57 % des personnes qui déclarent une discrimination liée à l'apparence physique rapportent avoir été également discriminées à raison d'au moins un autre critère* », l'autre part (43 %) estime avoir été discriminée sur ce seul critère, le rendant ainsi spécifique.

Considéré comme une originalité française, le critère est textuellement absent du droit international et du droit communautaire. Certains pays retiennent des motifs relatifs à des attributs « visibles » de l'individu comme « *la couleur* » (pour la loi anglaise), « *la couleur de peau* » (pour celle danoise). Les Pays-Bas insèrent dans la liste des motifs prohibés, la mention « *ou tout autre motif* », rendant ainsi celle-ci non exhaustive. La Belgique retient les « *caractéristiques physiques* » (Péru-Pirotte, 2009 : 12), définies « *comme étant les caractéristiques innées ou apparues indépendamment de la volonté de la personne* », le cas échéant, la décision s'orientera vers un abus de droit (Ghesquière, 2009). Le Canada ne mentionne pas l'apparence physique dans son droit. Cependant, quelques décisions récentes semblent intéressantes au regard de ce critère. C'est le cas, par exemple, d'une serveuse congédiée parce qu'elle n'avait pas les attributs physiques adéquats pour porter l'uniforme imposé, afin de se mettre en valeur : ce fut une discrimination à raison du sexe.

De manière similaire, un autre cas a été défini discriminatoire à raison de l'âge, quand pour attirer une clientèle plus jeune, les patrons d'un établissement désiraient « *placer une "belle barmaid" pour "attirer des hommes"* ».

Selon les propos de la direction, la victime « *n'avait pas l'image d'une jeune fille* », alors même que certaines serveuses d'une quarantaine d'années avaient une apparence physique constituant « *un atout très important aux yeux de la direction* » (Dowd, 2009 : 175).

Des chercheurs ont aussi montré combien l'apparence physique avait une importance dans l'accès au marché du travail, mettant au jour les différentes figures impliquées dans les processus de discrimination. D'abord, les candidats, par leur « *rôle actif dans la construction du jugement du recruteur* » (Marchal, 1999 : 43) lors du processus de recrutement, développent des stratégies liées au travail des apparences physiques à partir des représentations qu'ils ont de leur future profession (Hidri, 2008a, par exemple). Ensuite, les intermédiaires de l'emploi, par le biais des manuels d'aide à la recherche d'emploi, conseillent plus ou moins explicitement aux candidats de porter attention à leur apparence physique (Hidri, 2008b) et peuvent aller, dans le cas d'une intermédiation active directe, jusqu'à remettre les corps des chômeurs de longue durée aux « normes » du marché du travail afin de les rendre « employables » (Le Yondre, 2012 ; Doytcheva, 2015). Enfin, les recruteurs peuvent être amenés à intégrer cette dimension dans leur jugement (Amadieu, 2002 ; Dubernet, 1996 ; Hidri, 2009 ; Le Gall, 2000 ; Garner-Moyer, 2011b).

Afin de rendre compte de la persistance des discriminations selon l'apparence physique à l'embauche, alors même que le cadre législatif antidiscriminatoire français a intégré cette dimension depuis plus d'une quinzaine d'années, nous nous sommes attachés au recensement et l'analyse de seconde main d'enquêtes mesurant les discriminations perçues par les Français, d'une part ; le recensement et l'analyse de contenu des décisions rendues par le Défenseur des droits et de la jurisprudence juridictionnelle, d'autre part. Nous mesurons le poids des apparences physiques dans les expériences auto-déclarées de discrimination par les Français (1). Puis, malgré la volonté du législateur de faciliter les recours en justice (2), nous mettons au jour trois facteurs explicatifs au faible recours à l'arsenal juridique en la matière (3).

1. Les Français et leur perception des discriminations

L'évolution du cadre législatif antidiscriminatoire français a ces derniers temps encouragé la réalisation de travaux centrés sur la mesure des discriminations auto-déclarées. En 2003, l'enquête « Histoire de vie » réalisée par l'Insee avait pour but d'« *approcher les différentes facettes (professionnelles, familiales, géographiques...) qui contribuent à composer les identités individuelles* » (Algava, Bèque, 2006 : 632). Elle a mis en avant à quel point le monde du travail (17 %) et surtout l'étape de l'accès à l'emploi (12 %) sont des « moments » propices à l'expression de discriminations. Plus récemment, la troisième vague du baromètre sur la perception des discriminations au travail, réalisée en janvier 2010 (CSA, 2010) et qui compare notamment les salariés du secteur privé et les agents de la fonction publique, montre que 26 % des agents et 36 % des salariés avaient déjà « *eu le sentiment d'être victimes de discrimination dans au moins une des situations*[5] ». Parmi eux, 5 % des agents du public et 12 % des salariés du privé (contre 8 % l'année précédente) évoquaient la situation du recrutement.

En 2013, l'enquête sur les perceptions des discriminations par les demandeurs d'emploi (IFOP, 2013) met en avant que neuf personnes interrogées sur dix estiment que les discriminations à l'embauche sont fréquentes et 37 % des demandeurs d'emploi se disent avoir été victimes au moins une fois d'une discrimination lors de la situation de recrutement[6].

Sur cette base, 69 % jugent que les discriminations ont eu lieu « *lors d'un entretien d'embauche* » et 34 %, « *après réception ou examen* [du] *CV* ». Fait intéressant, ces différentes enquêtes montrent aussi à quel point l'apparence physique est perçue comme jouant un rôle important dans l'accès à l'emploi. En 2003, en se concentrant sur les critères mobilisés lors d'une embauche, Jean-François Amadieu montre ainsi que 82 % de la population interrogée estime que « *le look, la façon de s'habiller, de se présenter* » sont le plus souvent pris en compte lorsque l'employeur a « *le choix entre deux candidats de*

---

[5] Il s'agissait de : travail quotidien, évolution de carrière, obtention d'une mutation, retour d'un congé maternité, accès à la formation, augmentation de salaire, embauche et licenciement.

[6] Résultats corroborés en 2015 au moment de la reconduction (IFOP, 2015).

compétence et de qualification égales »[7]. L'auteur explique d'ailleurs que les critères qu'il considère comme « *lourds de discrimination* » sont devancés par ceux qui renvoient à une « *apparence physique générale et immédiate* ». En 2004, en étudiant l'influence des caractéristiques d'un candidat lors de l'embauche par la méthode de l'audit par couple[8], il montre que si 75 % des réponses étaient positives pour le CV de référence (« *homme, nom et prénom français, réside à Paris, blanc de peau, apparence standard* »), seuls 33 % des « candidats » au visage disgracieux sont convoqués à un entretien (« *homme, nom et prénom français, réside à Paris, blanc de peau, visage disgracieux* ») ; l'apparence physique du « candidat » ainsi isolée a pu être désignée comme critère de discrimination. Et pour ce qui concerne l'expérience de la discrimination, 29 % des demandeurs d'emploi qui se déclarent victimes de discriminations estiment qu'elles étaient fondées sur leur « *apparence physique, comme l'obésité, les vêtements, etc.* » (premier critère cité : IFOP, 2013) ; ils sont 25 % en 2015 (deuxième critère cité : IFOP, 2015). Enfin, le neuvième baromètre sur les perceptions des discriminations, nommé « *le physique de l'emploi* » (DDD, 2016), confirme l'importance de l'apparence physique dans la vie professionnelle, plus particulièrement lors de l'accès à l'emploi et plus précisément, lors du face-à-face qu'induit l'entretien.

Ces quelques résultats montrent comment les Français interrogés ont vécu et/ou se représentent les « épreuves » de la discrimination émaillant l'accès à l'emploi ; des « épreuves » qui semblent statistiquement loin d'être anecdotiques. En parallèle, et depuis l'introduction du critère de l'apparence physique, le Code du travail a subi quelques aménagements censés faciliter le recours des victimes à l'arsenal juridique.

---

[7] ADIA et Amadieu J.-F. (2003), *Discriminations sur l'apparence dans la vie professionnelle et sociale*. Les entretiens ont eu lieu par téléphone auprès de 973 personnes âgées de 18 ans et plus.

[8] 1 806 CV ont été envoyés en réponse à 258 offres d'emploi dans le domaine commercial. Les variables testées sont « *le genre* », l'« *origine ethnique* », « *le lieu de résidence* », un « *visage beau/disgracieux* », l'« *âge* » et le « *handicap* ». Et cela a son importance ici, la photographie était jointe au CV des « candidats ».

2. La volonté de faciliter le recours pour les victimes

La directive 97/80/CE relative à la charge de la preuve dans les cas de discrimination fondée sur le sexe tente de simplifier l'action des victimes par la mise en place de l'aménagement de la charge de la preuve en matière de discrimination sexiste. Celle-ci s'opère en trois temps : la victime « *présente des éléments de fait laissant supposer l'existence d'une discrimination directe ou indirecte* » à la suite desquels la personne mise en cause, en l'occurrence l'employeur, doit « *prouver que sa décision est justifiée par des éléments objectifs étrangers à toute discrimination* ». Puis, « *le juge forme sa conviction après avoir ordonné, en cas de besoin, toutes les mesures d'instruction qu'il estime utiles* »[9]. En application de cette directive, la loi du 16 novembre 2001 relative à la lutte contre les discriminations modifie l'article L. 122-45 du Code du travail qui adopte donc l'aménagement de la charge de la preuve afin de remédier au « *principal obstacle à la mise en place d'une stratégie juridique efficace* » (Boumahdi *et al.*, 2002 : 491). Cependant, ce nouveau régime ne s'applique que pour les procédures civiles, la présomption d'innocence restant applicable au pénal. Est ensuite inséré l'article L. 122-45-1 selon lequel les organisations syndicales « *peuvent exercer en justice toutes actions qui naissent de l'article L. 122-45* ». L'article L. 122-45-2 quant à lui, protège les salariés licenciés suite à une action en justice, à condition que le licenciement soit réalisé « *sans cause réelle et sérieuse et constitue en réalité une mesure prise par l'employeur à raison de l'action en justice* ».

La loi du 30 décembre 2004 a complété la transposition de la directive 2000/43 relative à la mise en œuvre du principe de l'égalité de traitement entre les personnes sans distinction de race ou d'origine ethnique, en créant la Haute Autorité de Lutte contre les Discriminations et pour l'Égalité (HALDE). Cette dernière fut remplacée en 2011 par le Défenseur des droits, dont le rôle consiste à soutenir toute personne victime de discrimination. Cette autorité constitutionnelle indépendante peut instruire les dossiers, recourir à des prérogatives d'instruction afin de récupérer des documents et des preuves que la victime ne peut obtenir, et intervenir devant les juridictions. Il peut être saisi par une personne ou peut se saisir d'office suite à des faits observés. Son action première concerne le

[9] Article L. 1134-1 du Code du travail.

règlement des litiges à l'amiable[10], mais en cas d'échec (ou si le plaignant ne souhaite pas ce type de règlement), il peut émettre des recommandations individuelles bien que cette technique soit dépourvue de force juridique (modification de guides d'entretiens de recrutement, recours à des organismes spécialisés pour former les recruteurs dans une entreprise, etc.). En dernier recours, il peut être « *un auxiliaire de justice qui apporte son concours devant le juge en produisant son dossier d'enquête, son analyse et ses observations* » (DDD, 2017 : 59).

La considération des discriminations ces vingt dernières années a provoqué, nous l'avons vu, le déploiement d'un arsenal juridique, élargissant les motifs de discrimination, les domaines d'application, les formes de discrimination et favorisant l'action des victimes. Pourtant, selon Nathalie Ferre, il apparaît comme un « *décalage entre les discriminations révélées dans la vie civile (emploi, loisirs, logement, accès aux soins...) et celles qui font l'objet d'un procès* » (Ferre, 2004 : 44). L'aménagement des modalités probatoires, qui incitent les victimes à agir en allégeant le seuil de la preuve et en centrant l'analyse sur les justifications du mis en cause, a finalement peu abouti à un traitement juridictionnel important.

3. Des recours à la marge

L'analyse des réclamations traitées par le Défenseur des droits peut fournir à ce titre un premier indicateur. Selon son rapport annuel d'activité de 2016[11], 93 % des personnes concernées par les discriminations lors de l'accès à l'emploi n'ont entrepris aucune démarche et seulement 1,4 % des réclamations adressées à l'institution dans le domaine de la lutte contre les discriminations concernent l'apparence physique dans l'emploi. De manière convergente, les recensements effectués de bases de données juridictionnelles montrent une sous-représentation de l'apparence physique dans la jurisprudence, sans même considérer la situation particulière de l'embauche. Sur les 13 907 cas de jurisprudence concernant la discrimination issus de la base de données Lexbase, deux arrêts

[10] Selon le rapport annuel d'activité du Défenseur des droits de 2016, près de 80 % des règlements à l'amiable aboutissent de manière favorable (DDD, 2017).
[11] 5 203 réclamations sont recensées pour ce qui concerne les discriminations, dont la moitié dans l'emploi (avec un taux de non-recours de près de 80 %) (DDD, 2017).

seulement sur 8 888 relevant de la jurisprudence administrative, deux sur 4 878, de la jurisprudence judiciaire et aucun (sur 141 de la jurisprudence constitutionnelle) mentionnent sur critère. La mobilisation de la base de données Légifrance produit des constats similaires : sur 6 885 cas de jurisprudence administrative, deux concernent l'apparence physique et sur 6 615 cas de jurisprudence judiciaire, nous en recensons cinq. Enfin, l'analyse de LexisNexis, plus conséquente, permet de mettre au jour deux cas sur 5 743 en jurisprudence administrative et vingt-huit sur 30 054 en jurisprudence judiciaire. Sur cet ensemble, deux cas concernent spécifiquement l'apparence physique lors de la situation d'embauche.

Quantitativement donc, les cas d'instruction juridictionnels et extra-juridictionnels sont peu nombreux alors même que les enquêtes précédemment citées montraient combien cette étape (l'embauche) était la plus discriminatoire et ce critère (l'apparence physique), le plus cité. L'analyse qualitative du contenu des décisions rendues a permis de mettre au jour trois pistes susceptibles d'expliquer ce paradoxe.

3.1 Quelle définition de l'apparence physique : intersectionnelle versus isolée

Une première explication au faible nombre de recours que nous avons constaté[12] peut provenir de la définition même de l'« apparence physique » ou plutôt de sa non-définition par le législateur. Péru-Pirotte (2009) montre bien la particularité de ce critère d'en recouper plusieurs autres, mettant ainsi en doute sa pertinence. Car, dans les faits, dès lors que l'apparence physique est invoquée, elle est soit reliée à un autre critère de discrimination, soit répond à d'autres règles que celle de la non-discrimination. À travers l'exemple d'« *une jeune femme noire* [qui] *se présente à un emploi, et* [dont] *la candidature est évincée à raison de son apparence physique* » (*ibid.* : 11), l'auteure met en avant chaque critère ciblé dans la loi en lien avec une « particularité » physique de la victime : le sexe, car c'est une femme ; la religion, si elle porte un voile ; la situation de famille, si elle porte

[12] Pierre Fadeuilhe (2012 : 42), qui a analysé les jurisprudences les plus caractéristiques sur quelques mois en 2012, affirme que « *les juridictions françaises et communautaires sont régulièrement saisies sur le sujet* ». À notre connaissance, nous n'avons relevé que peu de cas de jurisprudence concernant la discrimination à l'embauche selon l'apparence physique.

une alliance ; les mœurs, selon la façon dont elle est habillée ; l'état de santé, si elle est obèse ou maigre, etc. L'ensemble des critères appartenant au « visible » peuvent ainsi être répertoriés dans cet exemple.

En tant que motif « *fourre-tout* » (Bossu, 2014 : 182), l'apparence physique fait l'objet de plusieurs arrêts dans lesquels elle est retenue avec d'autres critères : l'âge[13], les convictions religieuses[14], le sexe[15], l'origine[16], etc. De même, la consultation des réclamations traitées par le Défenseur des droits montre que, sur une dizaine d'années, seules quelques-unes se rapportent uniquement à l'apparence physique[17].

À cet égard, et afin de développer l'action contentieuse, il semble primordial en effet de prendre en considération une définition multidimensionnelle et le caractère intersectionnel du critère de l'apparence physique lorsqu'il s'agit d'étudier les discriminations à l'embauche.

C'est, en tout cas, la direction prise par le neuvième baromètre sur la perception des discriminations dans l'emploi (DDD, 2016), dont le compte rendu évoque « *l'ensemble des caractéristiques physiques et des attributs propres à une personne* », en distinguant « *les caractéristiques dites "inaltérables" qui relèvent de l'apparence corporelle – les traits du visage, la corpulence, la couleur de peau... – de celles, "modifiables", qui constituent l'apparence vestimentaire et le "style" d'une personne : vêtements, coiffure, tatouages, piercings...* ». Ce faisant, par un effet de regroupement, le motif de l'apparence physique visé par le cadre législatif antidiscriminatoire, déjà non négligeable en soi, devient statistiquement plus « épais » et donc on peut l'espérer davantage pertinent aux yeux du juge français.

---

[13] CA Paris, 2016-01-20, 15/06000 ; CA, Paris, 2016-05-12, 15/03541 ; Cass. Soc., 28 mai 2015, n° 14-10.086.

[14] CA Paris, 2008-01-23, 05/08660 ; Cass. soc., 30-11-2016, n° 15-16.752 ; CA Versailles, 2015-03-15, 14/02666.

[15] Cass. Soc., 11 janvier 2012, n° 10-28.213 ; CA Paris, 2017-10-26, 15/12976.

[16] CA Riom, 2015-12-15, 14/01045 ; CAA Nancy, 2014-02-20, 13NC00920.

[17] Décision du Défenseur des droits MLD-2014-147 ; Délibération n° 2011-26 du 31 janvier 2011 ; Délibération n° 2011-44 du 28 février 2011 ; Délibération n° 2007-136 du 24 mai 2007 ; Délibération n° 2007-256 du 15 octobre 2007 ; Délibération n° 2006-75 du 10 avril 2006.

3.2 Les exceptions à la règle antidiscriminatoire : les exigences professionnelles essentielles et déterminantes

Une deuxième explication tient dans l'adaptation au droit communautaire permettant de remettre en cause, sous conditions, l'illégitimité de certains traitements défavorables. C'est le cas des Exigences Professionnelles Essentielles (EPE) et déterminantes qui permettent de justifier, dans certains cas, les différences de traitement. L'article L. 122-45-3 intégré par la loi du 16 novembre 2001 concernait les différences de traitement fondées sur l'âge « *lorsqu'elles sont* [étaient] *objectivement et raisonnablement justifiées par un objectif légitime* ». De même, l'article L. 122-45-4 concernait l'inaptitude en raison du handicap ou de l'état de santé constaté par le médecin du travail. L'ordonnance du 12 mars 2007 relative au Code du travail codifie les articles L. 1133-1 à L. 1133-6 du Code du travail dans une section intitulée « Différences de traitement autorisées ». Le premier ouvre les différences de traitement à tous les critères répertoriés dans l'article L. 1132-1 en spécifiant que « *l'article L. 1132-1 ne fait pas obstacle aux différences de traitement, lorsqu'elles répondent à une exigence professionnelle essentielle et déterminante et pour autant que l'objectif soit légitime et l'exigence proportionnée* ». La loi du 27 mai 2008 qui ajoute l'apparence physique aux critères répertoriés, nous amène à penser avec Hélène Garner-Moyer (2011a : 66) qu'elle a « *ouvert une brèche dans le principe d'égalité* ».

Concrètement, cette loi ne permet pas aux employeurs de discriminer impunément. Un exemple : en juin 2013, le Défenseur des droits s'est saisi d'office à la vue de nombreux articles de presse relatant des procédures de recrutement discriminatoires – car fondées sur l'apparence physique – par la société X France SAS[18]. Cette société de vente au détail de vêtements pour femmes et hommes n'a pas contesté la prise en compte de ce critère pour le recrutement de ses vendeurs – nommés les « *models* » – et a justifié ce choix comme étant une exigence professionnelle essentielle et déterminante. Cependant, l'enquête et l'expertise menées par le Défenseur des droits ont mis en avant que la représentation de la marque par ses vendeurs n'était qu'accessoire, relevant davantage de l'animation commerciale que du

[18] L'anonymat de la société est respecté. Pour plus d'informations, voir décision du Défenseur des droits, MLD-2014-147, 3 novembre 2014.

mannequinat. L'apparence physique n'a donc pas dans ce cas été considérée comme une EPE dans le processus de recrutement de cette société et considérant les fonctions réelles occupées par les vendeurs, son utilisation a été déclarée disproportionnée par rapport à l'objectif de représentation de la marque.

Ainsi, en n'indiquant pas précisément les éléments de nature à constituer « *une exigence professionnelle essentielle et déterminante* » et en ne prévoyant aucune liste d'activités spécifiques nommément désignées qui pourraient justifier des différences de traitement sous réserve du respect du principe de proportionnalité, cette loi amène certains recruteurs et certains candidats à l'embauche à considérer les secteurs d'activité, les politiques commerciales de leurs entreprises ou encore les fonctions exercées, comme autant d'éléments autorisant une entorse à la loi du 16 novembre 2001 (Hidri Neys, Duflos, 2017).

3.3 Le recruteur comme « maître du jeu »

Enfin, les processus de sélection au travail, et plus précisément de recrutement, ont ceci de particulier qu'ils laissent le recruteur comme « maître du jeu », en ce qu'il en est le maillon central (Hidri Neys, 2011). Le recruteur établit les contours du poste et donc, le profil du candidat recherché. Il choisit le canal de recrutement, trie les CV selon une liste de critères, certains éliminatoires, d'autres prioritaires (Marchal, 2015). À l'issue de cette étape, il sélectionne quelques candidats qu'il rencontrera en entretien, bien souvent à huis clos, le laissant alors libre de ses questionnements et de la formulation de son jugement. Hélène Garner et Bruno Lutinier (2006) ont montré, à partir de l'enquête Offre d'emploi et recrutement (2005), que l'envoi du *curriculum vitae* et l'entretien d'embauche étaient les modalités de sélection les plus utilisées en France. Elles sont aussi les plus propices à l'exercice des discriminations (Hidri Neys, 2011). Ceci n'a rien d'étonnant si l'on admet qu'il est difficile pour un candidat de faire la preuve de l'existence d'une possible discrimination, alors même qu'il ne dispose d'aucun élément tangible[19].

---

[19] Les offres d'emploi se font en effet plus respectueuses de la loi française. Emmanuelle Marchal et Didier Torny (2003 : 59) ont bien montré l'évolution sans ce domaine, passant « *des petites annonces nombreuses, sommaires* », dans lesquelles il n'était pas rare de voir des critères de recrutement devenus des motifs prohibés par le cadre législatif français, « *aux "grandes annonces", élaborées par*

Alors, comment « supposer » que c'est la prise en compte « isolée » de l'apparence physique qui a abouti au non-recrutement ? Parce que l'aménagement de la charge de la preuve oblige tout de même les victimes à présenter « *des éléments de fait laissant supposer l'existence d'une discrimination directe ou indirecte* »[20], parmi lesquels, la possibilité de recourir aux mesures d'instructions ordonnées par le juge[21], la demande d'informations suite au refus de recrutement[22], et les tests de situations intégrés depuis 2006 comme modes de preuve admissibles. Or, même si l'accès aux preuves est facilité, « *la difficulté n'est pas mince pour le salarié, puisque nombre des informations utiles se trouvent entre les mains de l'employeur et ne lui sont pas aisément accessibles* » (Serverin & Guiomard, 2013 : 147). Et, si des éléments qualitatifs justifiant l'apparence d'une discrimination et « *pouvant convaincre le juge* » ne sont pas présentés, la procédure risque probablement d'échouer (Ferre, 2004 : 49)[23]. Un arrêt de la Cour d'appel de Nîmes n'a d'ailleurs pas retenu l'existence d'une discrimination à l'embauche en ce que la salariée « *hors ses affirmations, n'apport*[ait] *strictement aucun élément de nature à laisser présumer l'existence d'une quelconque discrimination dont elle ne précise même pas la nature* »[24]. Le pourvoi en cassation a d'ailleurs été rejeté sur ce moyen, même si l'entreprise en question avait manqué à son obligation d'information quant aux postes disponibles et à la priorité d'embauche de cette dernière[25]. En définitive, à l'exception de l'affaire de la société X France SAS, seuls

---

des intermédiaires, professionnels du recrutement ou de la communication », laissant des traces écrites de volontés discriminatoires de plus en plus rares.

20 Article L. 1134-1 du Code du travail.

21 CEDH, 27 octobre 1993, *Dombo Beheer B.V. contre Pays-Bas* : le juge a « *l'obligation d'offrir à chaque partie une possibilité raisonnable de présenter sa cause – y compris ses preuves – dans des conditions qui ne la placent pas dans une situation de net désavantage par rapport à son adversaire* » ; article L. 1134-1 du Code du travail.

22 La loi française ne prévoit pas de droit à l'information pour le candidat. Cependant, un arrêt de la Cour de justice de l'Union européenne (CJUE, 19 avril 2012, *Galina Meister*, 2012, aff. C-415/10) considère que si l'entreprise mise en cause ne communique pas l'information demandée au candidat, alors ce « silence » sera retenu parmi les éléments de fait laissant supposer l'existence d'une discrimination (Fadeulhe, 2012).

23 Il n'est pas sans importance de rappeler que « *64,4 % des demandes ont fait l'objet d'un rejet de la part de la Cour* [d'appel] » (Bossu, 2014 : 32).

24 CA Nîmes, 2011-05-24, 10/00670.

25 Cass. soc., 25 septembre 2013, n° 12-16.426.

deux cas de jurisprudence juridictionnelle parmi ceux recensés[26], concernent une discrimination à l'embauche selon l'apparence physique.

Conclusion

Notre article a donc mis au jour un double paradoxe : bien que depuis une vingtaine d'années, le cadre législatif antidiscriminatoire français se soit étoffé à plusieurs niveaux mais surtout, ait été modifié avec la volonté de faciliter les recours des victimes, les recours en justice pour discrimination à l'embauche selon l'apparence physique demeurent marginaux[27], au sein d'un contentieux pour discrimination, jugé lui-même faible mais « *en augmentation* » (Doytcheva, dans ce dossier). Et ce, alors même que la littérature scientifique sur la question montre que les Français sont de plus en plus nombreux à déclarer avoir subi ou avoir été témoins de discriminations à l'embauche en fonction d'attributs qui croisent cette dimension. Comme le montre Ferre (2004 : 54) au sujet de l'égalité professionnelle entre les femmes et les hommes, « *il ne faut pas attendre de l'outil juridique plus qu'il ne peut donner* ». Cet article a recensé les principaux travaux scientifiques sur la question et ouvert quelques pistes de recherche pour poursuivre l'appréhension et la compréhension des discriminations selon l'apparence physique.

Si dans un premier temps l'introduction de l'apparence physique dans le cadre législatif antidiscriminatoire français a permis, même si sa pertinence et son utilité en droit n'étaient pas avérées (Péru-Pirotte, 2009), de rendre visibles ces discriminations à l'embauche et d'acter leurs spécificités, il semble qu'aujourd'hui que l'approche catégorielle des discriminations adoptée par le droit français empêche le juge de tenir compte de la complexité des situations, en obligeant les victimes à inscrire leurs plaintes dans des catégories prédéterminées, voire par trop étanches. La boucle d'oreille du chef de rang d'un restaurant est-elle motif d'une discrimination selon son apparence, ou induit-elle une

[26] CA Aix en Provence, 2014-01-14, 12/19683 ; CA Orléans, 2006-05-11, 06/301442.

[27] À titre de comparaison, l'enquête « Accès aux droits » menée en 2016 par le Défenseur des droits a montré que 1.4 % des réclamations concernaient l'« *apparence physique* », 9. 1% l'« *origine/race/ethnie* », 8.7 % l'« *état de santé* » et 8.2 % le « *handicap* ».

discrimination à raison de son sexe, « [portée] *sur l'homme qu'*[il est] »[28] ? À défaut de voir les droits français et européen évoluer en ce sens, comme c'est le cas en la matière pour le droit canadien, le fait d'intégrer la perspective intersectionnaliste ne peut que se révéler heuristique pour l'analyse des mécanismes sociologiques des discriminations.

Bibliographie :

Amadieu J.-F. (2002), *Le poids des apparences. Beauté, amour et gloire*, Odile Jacob.

Amadieu J.-F. (2004), *Testing sur CV pour l'Observatoire des discriminations*, Univ. Paris 1.

Algava E., Bèque M. (2006), « Perception et conséquences des comportements intolérants », *Vie sociale*, n° 8, pp. 631-636.

Bossu B. (2014), *Les discriminations dans les relations de travail devant les cours d'appel : la réalisation contentieuse d'un droit fondamental* [Rapport de recherche], Mission de Recherche « Droit et Justice », Université Lille 2.

Boumahdi R. *et al.* (2002), « Marché du travail et lutte contre la discrimination : une approche pluridisciplinaire », *Droit et société*, n° 51-52, pp. 487-508.

CSA (2010), *Perceptions des discriminations au travail : regard croisé salariés du privé et agents de la fonction publique,* Baromètre vague 3 réalisé pour la HALDE et l'OIT.

Défenseur des droits, Organisation Internationale du Travail (2016), *9e édition du baromètre DDD/OIT sur la perception des discriminations dans l'emploi. Le physique de l'emploi : discriminations et apparence physique*.

Défenseur des droits (2017), *Rapport annuel d'activité 2016*.

Dowd M-A. (16 novembre 2009), « Les discriminations à raison de l'apparence physique en droit québécois », Intervention au colloque

[28] CA Montpellier, 2010-10-27, 10/01174 ; Cass. soc., 11 janvier 2012, n° 10-28.213.

« L'apparence physique, motif de discrimination : entre norme, codes sociaux, esthétisation et rejet de la différence visible », IEP Lille.

Doytcheva M. (2018), « Diversité et lutte contre les discriminations au travail. Catégorisations et usages du droit », *Les Cahiers de la LCD*, n° 6.

Doytcheva M. (2015), *Politiques de la diversité. Sociologie des discriminations et des politiques antidiscriminatoires au travail*, Peter Lang, coll. « Travail et société ».

Dubernet A.-C. (1996), « La sélection des qualités à l'embauche. Une mise en scène de la valeur sociale », *Formation-Emploi*, n° 54, pp. 3-14.

Fadeuilhe P. (2012), « Zoom sur les discriminations à l'embauche », *JA*, n° 466, pp. 42-46.

Ferre N. (2004), « La construction juridique des discriminations : l'exemple de l'égalité homme/femme », *Sociétés contemporaines*, n° 53, pp. 33-55.

Garner-Moyer H. (2011a), « Sélection et sélectivité en GRH : quelle place pour l'éthique dans le processus de recrutement ? », *Humanisme et* Entreprise, n° 303, pp. 57-72.

Garner-Moyer H. (2011b), « La beauté : l'attention qui lui est allouée en phase de recrutement. Constat de discrimination établi à partir d'un test de correspondances », *Revue internationale de psychosociologie*, n° 41 (XVII), pp. 185-206.

Garner H., Lutinier B. (2006), « Les procédures de recrutement : canaux et modes de sélection », *Premières synthèses*, n° 48/1, pp. 1-8.

Ghesquière V. (16 novembre 2009), « La prise en compte de la discrimination à raison de l'apparence physique par les institutions publiques de lutte contre les discriminations : la Belgique », Intervention au colloque « L'apparence physique, motif de discrimination : entre norme, codes sociaux, esthétisation et rejet de la différence visible », IEP Lille.

Hidri O. (2008a), « Se forger une apparence "recrutable" : Une stratégie d'insertion professionnelle des étudiant(e)s », *Travailler*, n° 20, pp. 99-122.

Hidri O. (2008b), « Faut-il travailler son corps pour réussir un entretien d'embauche ? La place de l'apparence physique dans les manuels d'Aide à la recherche d'emploi », *Lien social et Politiques*, n° 59, pp. 21-32.

Hidri O. (2009), « "Qui se ressemble s'assemble..." : le recrutement des jeunes diplômés dans les professions de cadre commercial », *Formation emploi*, n° 105, pp. 67-82.

Hidri Neys O. (2011), « Le physique de l'emploi ? », *Communications*, n° 89, pp. 117-132.

Hidri Neys O., Duflos J. (2017), « Entre le dire et (ne pas) le faire. Les recruteurs et la fabrique des discriminations selon l'apparence physique », *Déviance et Société*, vol. 41, n° 4, pp. 566-592.

IFOP (2013), *Enquête sur la perception des discriminations par les demandeurs d'emploi*, réalisé pour le Défenseur des droits et l'OIT.

IFOP (2015), *8e baromètre DDD/OIT de perception des discriminations dans l'emploi. Enquête auprès des demandeurs d'emploi*, réalisé pour le Défenseur des droits et l'OIT.

Le Gall J.-M. (2000), « Équilibre du jugement et jugement de l'équilibre : les faits, les mots, le corps dans l'entretien de recrutement », *Revue de gestion des ressources humaines*, n° 36, pp. 69-83.

Le Yondre F. (2012), « Des corps incertains. Redynamisation des chômeurs par le sport », *Le sociographe*, n° 38, pp. 83-92.

Lochak D. (2004), « La notion de discrimination », *Confluences Méditerranée*, n° 48, pp. 13-23.

Marchal E. (1999), « Les compétences du recruteur dans l'exercice du jugement des candidats », *Travail et emploi*, n° 78, pp. 41-51.

Marchal E. (2015), *Les embarras des recruteurs. Enquête sur le marché du travail*, EHESS, coll. « Cas de figure ».

Marchal E., Torny D. (2003), « Des petites aux grandes annonces : le marché des offres d'emploi depuis 1960 », *Travail et Emploi*, n° 95, pp. 59-72.

Péru-Pirotte L. (16 novembre 2009), « L'historique, la signification et la pertinence du critère de l'apparence physique dans notre droit », Intervention au colloque « L'apparence physique, motif de discrimination : entre norme, codes sociaux, esthétisation et rejet de la différence visible », IEP Lille.

Serverin E., Guiomard F. (2013), *Des revendications des salariés en matière de discriminations et d'égalité. Les enseignements d'un échantillon d'arrêt extrait de la base JURICA (2007-2010)*, Mission de recherche « Droit et justice », Université Paris X-Nanterre.

« LA CONSIDÉRATION DES DISCRIMINATIONS CES VINGT DERNIÈRES ANNÉES A PROVOQUÉ LE DÉPLOIEMENT D'UN ARSENAL JURIDIQUE, ÉLARGISSANT LES MOTIFS DE DISCRIMINATION, LES DOMAINES D'APPLICATION, LES FORMES DE DISCRIMINATION ET FAVORISANT L'ACTION DES VICTIMES. POURTANT, IL APPARAÎT COMME UN "DÉCALAGE ENTRE LES DISCRIMINATIONS RÉVÉLÉES DANS LA VIE CIVILE ET CELLES QUI FONT L'OBJET D'UN PROCÈS..." L'AMÉNAGEMENT DES MODALITÉS PROBATOIRES, QUI INCITENT LES VICTIMES À AGIR EN ALLÉGEANT LE SEUIL DE LA PREUVE ET EN CENTRANT L'ANALYSE SUR LES JUSTIFICATIONS DU MIS EN CAUSE, A FINALEMENT PEU ABOUTI À UN TRAITEMENT JURIDICTIONNEL IMPORTANT. »

« À CET ÉGARD, ET AFIN DE DÉVELOPPER L'ACTION CONTENTIEUSE, IL SEMBLE EN EFFET PRIMORDIAL DE PRENDRE EN CONSIDÉRATION UNE DÉFINITION MULTIDIMENSIONNELLE ET LE CARACTÈRE INTERSECTIONNEL DU CRITÈRE DE L'APPARENCE PHYSIQUE. PAR UN EFFET DE REGROUPEMENT, CELUI-CI DEVIENT STATISTIQUEMENT PLUS "ÉPAIS" ET POTENTIELLEMENT DONC DAVANTAGE PERTINENT AUX YEUX DU JUGE FRANÇAIS. »

JULIE DUFLOS et OUMAYA HIDRI NEYS

ENTRETIEN

20 ans de non-discrimination en France : du droit aux pratiques

Sophie LATRAVERSE[1]

Diplômée en droit de l'Université Mc Gill (Canada) et de Paris X-Nanterre (France), membre du barreau du Québec, Sophie Latraverse est directrice du secrétariat général du Défenseur des droits. Après avoir été avocate à Montréal pendant dix ans, elle est chargée de mission en charge des questions juridiques au GELD (Groupe d'Étude et de Lutte contre les Discriminations) entre 2000 et 2005, membre de l'équipe de la mission de préfiguration de la HALDE de 2003 à 2005, puis directrice juridique adjointe de la haute autorité de 2005 à 2011. Elle rejoint le DDD à sa création en 2011, où elle assure la direction de la mission discrimination jusqu'en 2012, puis la direction de l'expertise de 2012 à 2016. Sophie Latraverse est également experte française sur le droit des discriminations au sein du Réseau européen des experts juridiques sur l'égalité de genre et la non-discrimination depuis 2004. Dans cet entretien, accordé en juin 2017, elle revient sur les moments-clés de la mise en place d'un dispositif juridique et institutionnel antidiscriminatoire en France, en dresse un bilan synthétique à partir de l'activité du DDD, puis jette un éclairage critique sur les avancées opérées depuis vingt ans, nourri de sa pratique professionnelle et d'une expérience au long cours du droit des discriminations

[1] Entretien réalisé par Milena Doytcheva.

Milena Doytcheva : Pouvez-vous nous présenter en quelques chiffres les activités les plus récentes du Défenseur des droits, en rappelant peut-être brièvement le contexte de sa création et l'évolution de son action depuis 2011 et la fusion de la HALDE et du Médiateur de la République ?

Sophie Latraverse : Tout d'abord, l'ensemble de ces informations font l'objet d'une présentation détaillée dans nos rapports annuels : le Défenseur des droits publie chaque année un rapport court et un rapport intégral en ligne, qui propose le résumé de toutes les affaires à l'aide d'un index interactif. Comme l'indiquent les chiffres pour l'année 2016, ce sont plus de 86 000 réclamations reçues, en augmentation de près de 9 % par rapport à la période précédente (+18 % depuis 2014), dont environ 5 200 pour la discrimination (+7,4 % depuis 2015, +15,5 % depuis 2014)[2]. Ces données ne sont pas directement comparables à celles de la HALDE, qui avait en 2010, la dernière année de son existence, enregistré environ 12 000 saisines. De ces 12 000 réclamations, seules 4 000 environ entraient réellement dans son champ de compétence et franchissaient un premier niveau d'instruction (2 000 faisaient l'objet d'une enquête plus approfondie). Ce sont donc plutôt ces ordres de grandeur qu'il convient de comparer aux chiffres actuels. En raison de la démultiplication des sujets pris en charge par le Défenseur des droits, le « hors-champ de compétence » a été d'une certaine manière, limité. Le niveau des réclamations pour discrimination a dans un premier temps baissé en 2011 ; puis nous avons « rattrapé » en 2014 le niveau de la HALDE et sommes désormais en progression, à 5 200 réclamations en 2016 dont 4 000 environ font l'objet d'une instruction.

Sur le plan de l'organisation interne, des nouveautés sont également à souligner : le traitement des discriminations est désormais intégré à l'ensemble des services à savoir, « droits de l'enfant », « santé », « service public », « déontologie de la sécurité », « fonction publique », « emplois, biens et services privés ». Cela a donc évolué

---

[2] Défenseur des droits (2016), *Rapport annuel d'activité 2016*, La Documentation française, p. 9-10.
https://www.defenseurdesdroits.fr/sites/default/files/atoms/files/raa-2016-num-20.02.2017_1.pdf

par rapport aux débuts de l'institution, en 2011, lorsque la direction « Discriminations » formait une structure spécifique[3]. Dès 2012 cependant, nous avons opté pour une nouvelle organisation, plus thématique, afin de décloisonner nos interventions et dépasser une culture de travail installée par anciennes institutions. Par exemple, historiquement, seule la HALDE présentait des observations devant les tribunaux, il s'est agi donc de diffuser les stratégies contentieuses dans les autres activités. Nous avons procédé ensuite à d'autres révisions, où la direction « Expertise », notamment, qui avait pour mission de faire émerger des sujets nouveaux, d'élaborer et de diffuser des méthodes de travail, a intégré le secrétariat général du Défenseur des droits. Après avoir atteint une certaine maturité et une intégration plus achevée de nos méthodes de travail, nous avons élaboré, au printemps 2016, une nouvelle organisation avec deux grandes directions d'instruction, constituées autour des compétences du magistrat administratif, d'une part, et du magistrat judiciaire, d'autre part. L'ensemble des activités d'instruction ont été redistribuées selon ces deux grands pôles. Par ailleurs, la direction de la « Promotion de l'égalité et accès aux droits » développe des activités qui relèvent d'un traitement extra-judiciaire (études, sensibilisation, formation, groupes de travail, relations avec la société civile). Cette mission, contenue dans les directives européennes, existait déjà dans le périmètre de la HALDE, elle a été maintenue et étendue à la promotion de l'accès aux droits. Il en va de même pour les délégués territoriaux : aussi bien la HALDE que le Médiateur de la République disposaient d'un réseau territorial de bénévoles. Ils sont presque 500 aujourd'hui, réunis à l'intérieur d'une direction territoriale. Dans le grand volume de plus de 86 000 réclamations, ils assument une part importante (près de 80 %), avec de nombreuses saisines en matière d'accès aux services publics, moins en matière de discrimination, sujet sur lequel les dossiers « remontent » souvent au siège à des fins d'instruction.

[3] On consultera sur ce point le *Rapport annuel d'activité 2013*.

MD : Pourriez-vous, s'il vous plaît, commenter à présent, un peu plus dans le détail, les chiffres relatifs à votre activité, en matière de discriminations en particulier ?

SL : Pour commencer, il convient de rappeler les différents pouvoirs du Défenseur des droits qui sont des pouvoirs d'instruction, de médiation, de concours à la justice et de promotion des droits. Notre action se situe ainsi au croisement de deux logiques : d'interpellation, d'expertise et de mise à l'agenda, qui est une modalité de notre action, tournée plutôt vers les institutions ; la casuistique, ensuite, orientée vers le contentieux, l'élaboration et la mise en œuvre de la norme juridique.

En ce qui concerne cette dernière, et en termes plus quantitatifs, 5 200 réclamations environ ont été enregistrées en 2016 en matière de discrimination. Néanmoins, les dossiers où nous allons réellement nous adresser au mis en cause en faisant enquête sont moins nombreux, autour de 3 000 par an. Dans un peu moins de la moitié des cas, comme ces chiffres l'indiquent, les personnes ne donnent pas vraiment suite – n'ayant soit pas pleinement compris la démarche en nous saisissant, soit décidant d'arrêter - bref, il se produit un étiolage, qui peut être également dû au fait que les réclamations ne sont pas suffisamment étayées et que les réclamants s'en aperçoivent à la demande d'éléments complémentaires.

La médiation, autre grande catégorie d'intervention, recouvre un ensemble hétérogène de situations pour définir tout ce qui ne se solde ni pas par un échec ni par une décision formelle du Défenseur des droits ou du juge. Concrètement, cela peut prendre des formes différentes. L'idée est de rétablir le dialogue ou de faire comprendre au mis en cause la nécessité de faire évoluer la situation, c'est ce que l'on appelle en termes juridiques un règlement amiable. Soit nous demandons au mis en cause de nous expliquer la situation dont nous avons été saisis, soit nous faisons usage de notre pouvoir d'enquête et demandons des pièces pour procéder à des analyses comparatives, par exemple : toutes les personnes embauchées telle année, leur progression de carrière, l'évolution de salaire, etc. Nous écrivons à l'employeur, et à tout tiers détenant des informations, mais plus généralement au mis en cause, qui sont tenus par la loi de nous répondre. En cas de non-réponse, cela peut constituer un délit d'entrave, mais aussi, en matière de discrimination, un élément de présomption en défaveur du mis en cause. Nous avons donc un taux de réponses assez élevé.

En effet, les choses en la matière ont évolué depuis 2005 et les premières enquêtes instruites par la HALDE. Peu de chose existaient auparavant... Aujourd'hui, les jurisprudences de la CJUE et de la Cour de cassation sont assez claires dans le sens où le mis en cause qui ne répond pas est présumé ne pas avoir de réponse, l'opacité du processus décisionnel étant un indice de discrimination. Dans un système d'aménagement de la charge de la preuve, si nous avons franchi le seuil de la présomption, c'est le mis en cause qui porte le risque de ne pas répondre. Au début, beaucoup d'employeurs se reposaient sur le principe selon lequel ils n'avaient pas à répondre, mais se sont fait condamner ! Désormais, la jurisprudence a pleinement acté qu'ils sont tenus de se justifier.

Dans la démarche d'instruction et d'enquête, différents moyens sont à notre disposition : nous pouvons demander des pièces ou faire des vérifications sur place ou des auditions. L'audition est particulièrement utile. En matière de discrimination à l'embauche, ou pour d'autres formes de discrimination qui laissent peu de traces, mais où les personnes mises en cause ne sont pas nécessairement des « professionnels de la discrimination », le fait de les interroger permet d'y voir plus clair. Cela peut être pour nous une façon de recueillir des preuves qu'on ne recueillerait pas autrement.

Nous pouvons convoquer ces personnes qui sont tenues de déférer. Ces pouvoirs et processus d'enquête peuvent donc en soi conduire à « résoudre le problème ». Dans ces cas particuliers, l'enquête devient ainsi un vecteur de pédagogie et peut en conséquence contribuer à une solution amiable, à une médiation.

MD : Pouvez-vous nous en dire un peu plus, justement, sur la nature des réclamations reçues par le Défenseur des droits en ce qui concerne les discriminations au travail ?

SL : Avec l'expérience, je dirais que deux grands cas de figure se présentent. Il peut s'agir, d'une part, de situations de vraie difficulté, d'ordre systémique, dont la solution requiert une stratégie d'ensemble et des décisions importantes qui vont au-delà du fait d'« attraper » une mauvaise pratique. Mais il y a également d'autres types de dossiers, où la direction de la promotion de l'égalité prend le relais par des actions de formation, de sensibilisation aux exigences de la norme de non-discrimination, dans les petites et moyennes entreprises en particulier.

Nous nous sommes d'abord rendu compte de cette situation en matière de handicap : en effet, beaucoup de règles ont évolué en 2005. Une grande partie des employeurs ne connaissaient pas leurs obligations. Aujourd'hui, douze ans plus tard, la situation a évolué, mais nous y avons contribué !

Un autre type de situation, qui a néanmoins des points communs avec la précédente, concerne des personnes qui, si elles perdent leur emploi, n'auront presque aucune chance d'en retrouver : des salariés malades, des salariés âgés que l'on veut pousser vers la sortie, etc. Or, on le sait, s'ils perdent leur emploi, si la situation se solde par un licenciement, ils n'en retrouveront probablement pas, et le niveau d'indemnisation en France ne permet pas d'assurer leur sécurité jusqu'à l'âge de 65 ans.

Dans ces deux derniers cas, nous instruisons avec l'objectif d'amener l'employeur à prendre conscience de ses obligations et à « régler le problème ». Il sera plus opportun pour la personne de garder son emploi et que l'on puisse lui sécuriser un espace de qualité de vie au travail, que ce soit par l'aménagement du poste de travail ou par l'éducation de l'employeur quant à ses obligations. Dans ce type de dossiers, le règlement amiable n'est donc pas un compromis fait avec les droits fondamentaux, mais un principe de lucidité quant aux besoins des réclamants. J'y reviendrai.

Il y a enfin une troisième catégorie d'affaires, où la situation est tellement violente et tellement grave que l'employeur est comme « paralysé ». Les situations de racisme avéré, lorsqu'il s'agit d'entreprises importantes, peuvent mettre en cause beaucoup de salariés et créer de vraies tensions. De la même manière, lorsqu'il s'agit d'actes sexistes ou de harcèlement sexuel, l'employeur est sidéré face à la gravité de la situation, complètement démuni. Ce n'est pas le même cas de figure que lorsqu'il est au courant de l'existence d'une politique discriminatoire, mais se garde d'intervenir de peur que cela ne lui coûte trop cher. Nous constatons donc là un boulevard pour l'action préventive : comment apprendre à sortir de l'impuissance par rapport à des situations, individuelles ou plus collectives, d'une extrême violence ? La chambre sociale de la Cour de cassation a assumé son rôle en signifiant aux employeurs de manière très précise qu'il n'était pas acceptable d'attendre que le juge pénal se prononce, de renvoyer les personnes à leurs versions des faits : l'employeur a le devoir d'intervenir. Il s'agit d'un sujet majeur, qui concerne le racisme et le harcèlement sexuel en particulier.

Voici donc trois cas de figure où notre action peut consister en une médiation plutôt qu'en une procédure judiciaire. D'autant plus qu'en matière civile c'est au réclamant de lancer les poursuites. Nous rendons notre décision, dont il pourra se servir, mais ce sera à lui d'entreprendre l'action. Lorsque des avocats, des réclamants nous saisissent en même temps que le tribunal, nous essayons d'être prêts pour le procès, verser les pièces de notre enquête dans le dossier de la Cour et présenter nos observations au tribunal. Cela fait partie de notre concours à l'action judiciaire. De ceux qui nous sollicitent, environ 150 par an vont au procès (sur une moyenne de 3 000 enquêtes réalisées, cela représente 5 % environ). Nous appliquons les mêmes standards que le juge, il y va de la crédibilité et de la légitimité de l'institution. Aussi, si nous devons clore un dossier, ce n'est pas dire à la personne : « vous n'avez pas été discriminée » mais, « nous n'avons pas été capables d'en apporter la preuve » – cette nuance est importante.

Avant d'aller au tribunal, néanmoins, il peut y avoir des règlements. Car lorsque nous avons fini notre enquête, l'employeur, son avocat savent ce qu'il y a dans notre dossier, connaissent notre décision. Les parties peuvent transiger. En matière civile, quand les parties règlent leur différend avant un jugement, cela s'appelle transaction. Leur nombre ? – nous n'avons pas nécessairement d'informations à ce sujet, le ministère de la Justice ne tient pas de statistiques en la matière, ni même sur le droit social en matière de discriminations ! Par rapport aux dossiers dont nous avons été saisis, cela peut représenter 20 %, mais c'est une estimation très approximative, qui inclut également les règlements amiables au-delà des questions d'emploi (par exemple, dans l'administration ou encore le service public).

MD : Puisque nous avons abordé la question importante de l'action judiciaire, pourriez-vous nous donner un éclairage, par rapport à votre pratique, de l'évolution du contentieux en France ces dernières années en matière de discrimination, et peut-être une analyse autour de la question difficile de la dépendance procédurale : voie civile *versus* pénale. Comment choisir les forums du débat judiciaire en matière de discrimination ?

SL : Bien entendu, avant toute chose, nous ferons ce que la personne souhaite. Néanmoins et avec l'expérience, le réflexe pénal peut ne pas nécessairement être le plus favorable. C'est ce que nous avons beaucoup observé au démarrage de la HALDE. Les déceptions des victimes ont été grandes. Les exigences de preuves au pénal sont très lourdes, et souvent les plaintes peuvent concerner des sujets qui ne relèvent pas du Code pénal, étant donné que la discrimination y est couverte de manière restreinte. Dans cette première période, avant de saisir la HALDE, nombreux étaient les réclamants qui, ayant porté plainte au pénal, avaient figé la procédure pour se retrouver avec un classement sans suite.

Entre 2000 et 2005, un travail de pédagogie important a été accompli par le GELD[4] pour sensibiliser à cette difficulté. De 2000 à 2004, le

[4] Créé en 1999, le GELD réunit des représentants de l'administration, des associations et membres de la société civile, des chercheurs. Initialement chargé de

GELD a transmis 76 000 signalements, et pendant cette période un nombre très élevé de plaintes a été déposé au pénal. Finalement, cette mobilisation a donné lieu en tout et pour tout à quelques condamnations par an. Ces statistiques, qui sont les mêmes que celles de la fin des années 1990, n'ont jamais évolué. On peut les consulter annuellement dans le rapport *Lutte contre le racisme* de la CNCDH[5], tous champs confondus. En ce qui concerne l'emploi, les condamnations pénales sont essentiellement en matière d'embauche, et depuis dix ans on les compte toujours sur les doigts ! Comme d'ailleurs en matière de harcèlement sexuel – quelques condamnations par an – la situation n'évolue pas. En l'état actuel, le droit pénal n'offre pas une réponse adaptée à toutes les victimes en matière de lutte contre les discriminations.

Pourquoi cette difficulté, cette impasse en matière pénale ? Le régime juridique de la preuve y est spécifique, il n'y a pas de présomption de discrimination possible, c'est la présomption d'innocence qui l'emporte. Et il n'y a donc pas d'aménagement de la charge de la preuve : il faut faire la preuve de l'intention caractérisée de l'acte de discriminer, la preuve seule du résultat ne suffit pas. Ainsi, seules les discriminations directes et intentionnelles peuvent être poursuivies au pénal, et donc non pas n'importe quelle sélection ou exclusion que l'employeur est plus ou moins légitime de faire. La plupart du temps, le geste discriminatoire qui correspond à la définition du Code pénal ne laisse pas de traces suffisantes pour établir que la décision attaquée se fonde sur un critère prohibé et la sanctionner. Doit-elle pour autant rester impunie ? C'est le droit social qui prend le relais. De plus, je l'indiquais, le champ couvert par le Code pénal est restreint, seuls les sujets liés à l'embauche, l'accès à la formation professionnelle, la sanction ou le licenciement sont traités. Tout ce qui relève de la vie

---

la gestion du 114, il met également en place un observatoire des discriminations, publie des notes et des rapports annuels.

[5] Le nombre de condamnations pour infraction à caractère raciste ont été, en ce qui concerne la discrimination, respectivement : 9 (2011), 9 (2012), 7 (2013), 14 (2014), 7 (2015), soit environ 2 à 3 % de l'ensemble des condamnations pour des faits à caractère raciste au nombre de 515 (2015) sur un ensemble de 9 460 plaintes déposées dont 210 pour discrimination cette même année. *Cf.* CNCDH (2016), *La lutte contre le racisme, l'antisémitisme et la xénophobie*, La Documentation française, pp. 185-250.

professionnelle, en revanche, n'est pas couvert, typiquement l'aménagement du poste de travail pour une personne handicapée : la plainte sera classée.

Notre discours vis-à-vis du public consiste donc à dire : « Si vous avez vécu une situation de discrimination, que vous pensez au pénal, nous faisons d'abord une enquête, et si la situation peut faire l'objet d'une qualification pénale, la réponse pénale pourra être envisagée. À défaut, d'autres moyens existent pour que vous ayez une réponse et que le discriminant ait à répondre de ses actes devant les tribunaux ». La réponse pénale est pertinente s'il y a une situation intentionnelle grave avec des preuves matérielles. Il ne s'agit pas de dénigrer cette réponse, mais pour les trois-quarts des sujets ce n'est pas nécessairement la stratégie qui apportera une reconnaissance à la victime. On déconseille donc la plainte pénale comme premier réflexe en matière de discrimination en emploi. Les policiers ne sont absolument pas formés pour faire des enquêtes en matière de discrimination. Les dossiers où nous avons eu des grandes victoires devant la chambre sociale n'auraient jamais prospéré au pénal. La matière pénale est spécifique, pas toujours d'ailleurs bien comprise. Le recours pénal n'a pas vocation à servir de régulation sociale. La politique pénale pourrait évoluer, mais sa portée ne pourra jamais répondre aux enjeux d'une politique publique de lutte contre les discriminations. Évaluer la portée d'une politique publique de lutte contre les discriminations par la seule réponse pénale ne me semble donc pas pertinent.

MD : Vous le disiez, la situation est différente en matière civile ?

SL : La situation est très différente en effet en matière civile, en droit du travail ou de la fonction publique, où s'applique le dispositif d'aménagement de la charge de la preuve, et où toutes les techniques de preuve et d'enquête entrent en ligne de compte. Cette voie civile a prospéré depuis dix ans de manière extraordinaire en France. En 2011, une première évaluation de l'impact des directives européennes sur la jurisprudence et la construction du droit antidiscriminatoire a été faite[6]. Il est possible aujourd'hui d'affirmer que si en 2005 il n'y avait pas de décisions ou presque, la jurisprudence de la chambre sociale de la Cour de cassation est maintenant plus aboutie. De plus en plus de juges sont formés. Avant, il arrivait de s'entendre dire que pour réussir il fallait aller en appel, aujourd'hui les conseils de prud'hommes sont plus actifs. Nous observons ainsi plusieurs évolutions de la jurisprudence sur l'accès à la preuve : pour un avocat, demander l'accès à des éléments de comparaison, ce n'est plus le même parcours du combattant qu'il y a quinze ans, où il fallait être un expert en stratégie contentieuse pour y parvenir. D'ailleurs, le DDD comme la HALDE ont été pensés, au départ, pour permettre justement l'accès à la preuve comparative, qui est par définition en possession de celui dont la décision est remise en cause, afin d'établir les discriminations devant les tribunaux civils et administratifs.

En droit français et en droit continental européen, de manière plus générale, on ne peut pas faire sa preuve en demande avec les éléments de la partie adverse. Avec l'évolution de la jurisprudence, il est désormais acté en matière de discrimination que le demandeur a le droit de demander au juge de faire produire les éléments de comparaison, car à défaut il ne pourra pas mettre en œuvre son droit. L'accès à l'information est consubstantiel au recours lui-même. Si en matière d'égalité entre les femmes et les hommes, le principe de l'aménagement de la charge de la preuve est antérieur aux directives européennes de 2000[7], disons que cela ne fonctionnait pas. Cette question a posé un défi important aux droits nationaux européens, vu le décalage avec les droits anglo-saxons qui ont conçu le principe de non-discrimination.

---

[6] Cluzel-Metayer L., Mercat-Bruns M. (2011), *Discriminations dans l'emploi. Analyse comparée de la jurisprudence du Conseil d'Etat et de la Cour de Cassation*, La Documentation française.

[7] Voir notamment la directive 97/80/CE du Conseil qui codifie la jurisprudence communautaire antérieure (principalement arrêts *Danfoss* du 17/10/1989 en application de la directive sur l'égalité de rémunération 75/117 et *Enderby* du 13/12/1993 en application de la directive 79/7 sur l'égalité en matière de protection sociale). En 1999 et 2000, la Cour de cassation met en œuvre ces règles probatoires, en en faisant application, au-delà de la discrimination à raison du sexe, à la discrimination syndicale.

MD : Y aurait-il moyen d'objectiver, par exemple en quantifiant, cette évolution du contentieux ?

SL : On pourrait, mais le ministère de la Justice ne tient pas de statistiques. Au pénal, le décompte est fait à partir du registre des condamnations définitives. Il n'y a pas en revanche de statistiques comparables en matière civile. Il serait possible d'extrapoler, à titre de comparaison, sur quelques milliers de dossiers présentés aujourd'hui chaque année devant la juridiction sociale[8], contre une vingtaine avant 2005, principalement en discrimination syndicale. En ce qui concerne la chambre sociale de la Cour de cassation, il y a eu également beaucoup de décisions ces dernières années, à tel point qu'une sous-section « discriminations » a été créée. Le contraste est grand avec un contentieux inexistant avant 2005. Aujourd'hui, les discriminations sont en droit un objet visible.

En effet, la place du droit comme outil conceptuel et d'action fondamental en matière de lutte contre les discriminations n'allait pas de soi au début des années 2000. Dès la publication par le GELD en 2000 d'une note sur le recours au droit dans la lutte contre les discriminations, un travail de pédagogie a été engagé en ce sens[9]. Un des enjeux majeurs en est le droit de la preuve, qui englobe le droit de l'accès à la preuve et l'aménagement de la charge de la preuve. Sur ces questions, la création de la HALDE en 2005 a exercé un rôle de levier important pour le développement et l'effectivité des recours. La note du GELD présente la situation avant 2000. En 2011, une recherche sur l'impact du droit des discriminations en droit social et en droit public a été réalisée avec le concours de la HALDE[10]. Pour la période la plus récente, ce sont les travaux de la mission de recherche

---

[8] Voir aussi Serverin E., Guiomard F. (2013), *Des revendications des salariés en matière de discriminations et d'égalité. Les enseignements d'un échantillon d'arrêt extrait de la base JURICA (2007-2010)*, Mission de recherche « Droit et Justice », Université Paris X-Nanterre.

[9] GELD (octobre 2000), *Le recours au droit dans la lutte contre les discriminations : la question de la preuve*, note n° 2 du conseil d'orientation du GELD.

[10] Cluzel-Metayer L., Mercat-Bruns M. (2011), *Discriminations dans l'emploi, op. cit.*

« Droit et Justice »[11] et ceux du colloque organisé en 2015 pour les dix ans de la création de la HALDE que l'on pourra consulter[12]. Ce colloque a été l'occasion de donner la parole aux chefs des juridictions françaises et aux juges européens qui ont rendu compte de la place acquise par le droit des discriminations dans le paysage juridique français, son impact sur la pensée des droits et la mise en œuvre de la théorie française de l'égalité[13]. La formalisation de ces positions institutionnelles marque une évolution majeure quant à la résistance conceptuelle de la culture juridique française de l'égalité face au principe de non-discrimination.

MD : Compte tenu de la spécificité de cette théorie juridique française de l'égalité, comment situez-vous aujourd'hui l'action du DDD par rapport à ses homologues étrangers et européens ?

SL : Dans le cadre des processus d'accession des nouveaux pays membres de l'Union au début des années 2000, la Commission a décidé de faire du droit des discriminations un vecteur pour faire évoluer les législations nationales. C'est pourquoi la transposition des directives 2000/43 et 2000/78, puis 2004/113 et 2006/54 en matière d'égalité entre les femmes et les hommes a été particulièrement suivie : l'idée était que les pays de l'Ouest, déjà membres, devaient se montrer exemplaires. La transposition française de 2001 n'avait pas intégré les définitions des discriminations directe et indirecte et la création de l'autorité administrative indépendante, estimant que le dispositif d'études du GELD et la ligne de signalement 114 étaient suffisants. Or, la Commission a exigé que cette transposition soit

---

[11] http://www.gip-recherche-justice.fr/recherches/

[12] DDD, Cour de cassation, Conseil d'État (octobre 2015), Actes du colloque « Dix ans de droit de la non-discrimination », en ligne : https://www.defenseurdesdroits.fr/sites/default/files/atoms/files/colloque-10ans-droits-discri.pdf

[13] Sauvé J.-M., vice-président du Conseil d'État (5 octobre 2015), « Le principe d'égalité et le droit de la non-discrimination » : http://www.conseil-etat.fr/Actualites/Discours-Interventions/Principe-d-egalite-et-droit-de-la-non-discrimination

complétée : en 2004, par la création de l'autorité indépendante ; en 2008, par l'inclusion des définitions respectives dans la loi[14].

Mais d'autres pays que la France rencontrent des difficultés dans la mise en œuvre du droit de la non-discrimination. Le droit des discriminations européen s'inspire des modèles scandinaves et anglo-saxons. Or, en Allemagne, le principe de non-discrimination entre en conflit avec la vision allemande des prérogatives individuelles en matière de liberté contractuelle. Dans les pays d'Europe continentale comme l'Italie, le Portugal, la mise en œuvre du principe de non-discrimination entre aussi en conflit avec les notions traditionnelles de faute et de conception de la preuve en droit civil (*cf. supra*). On constate que peu d'autorités nationales ont été dotées de moyens juridiques et financiers importants. La Belgique est en quelque sorte un lieu pivot, où on sent l'influence des Pays-Bas et des pays du Nord de l'Europe. Or, malgré certaines résistances, la France est de ceux qui ont réussi à se donner des moyens en faveur d'une effectivité réelle du cadre juridique antidiscriminatoire, dont l'intégration n'allait pas de soi.

En ce qui concerne le positionnement institutionnel du Défenseur des droits, à savoir celui d'une autorité administrative indépendante, tout comme la HALDE et la CNIL, il n'est pas soumis à l'autorité hiérarchique du gouvernement. Par ailleurs, il s'agit d'une institution de l'État qui ne peut à ce titre prendre parti : la question s'est donc posée à la création de la HALDE, puis du Défenseur des droits, de la manière la plus efficiente pour concourir au processus judiciaire, au développement de la jurisprudence, sans être partie au procès.

La force du positionnement du Défenseur des droits réside donc dans son indépendance, tant vis-à-vis de l'État que des parties. Sa parole se veut autonome et impartiale : il concourt au processus judiciaire, mais n'est pas partie à la procédure. Il produit devant la cour son enquête pour la soumettre au débat contradictoire, donne un avis juridique sur la preuve et le droit applicable. Cette compétence peut d'ailleurs être mobilisée sur des matières autres que la discrimination, dans l'ensemble de ses champs d'intervention. Il s'agit d'appuyer l'accès

[14] Loi n° 2008-496 du 27 mai 2008.

aux droits en apportant une expertise, et de concourir ainsi à la construction de la jurisprudence.

Dans certains pays, comme les États-Unis, nos homologues représentent la partie. Ce sont eux qui lancent les recours. Au Canada, à une époque, il fallait passer par notre homologue avant d'aller en justice. Dans ce système, la personne n'a aucune autonomie, puisque c'est l'agence qui décide de la recevabilité de son dossier, et contrôle les moyens d'intervention et délais. Dans le système français, nous sommes dans une configuration, où la personne conserve son autonomie, mais le Défenseur des droits concourt à l'argumentaire juridique, à améliorer l'effectivité du droit et construire la jurisprudence.

Aux Pays-Bas, la structure dédiée est une instance quasi-judiciaire, comme un tribunal : elle ne représente personne, mais décide ; les décisions cependant n'ont pas force obligatoire. Cette structure préexistait aux directives européennes, mais la Commission a estimé qu'elle respectait ses exigences. Si l'on considère notre homologue britannique et notre homologue irlandais, leurs modes d'interventions ont beaucoup évolué. Naguère considérés comme exemplaires, leurs moyens ont été considérablement réduits depuis le début des années 2000 et leur stratégie réorientée vers la promotion des droits : ils ont opté pour une sélection des dossiers auxquels ils apportent leur soutien. Aujourd'hui, il s'agit de quelques affaires par an, principalement celles qui relèvent de sujets nouveaux. Notre homologue allemand n'intervient pas dans les dossiers individuels, il fait du conseil, et apporte en parallèle un soutien à la recherche et une expertise auprès des pouvoirs publics.

Le choix opéré en France est intervenu avec la création de la HALDE en 2005. Il l'a été à partir de la question de la preuve, enjeu stratégique essentiel dans la lutte contre les discriminations. La grande difficulté française en matière de preuve est qu'il s'agit d'un mode d'intervention étranger à la culture des juristes, contrairement à la pratique des pays anglo-saxons. Le rapport Stasi[15] qui a préfiguré

[15] Stasi B. (2004), *Vers la haute autorité de lutte contre les discriminations et pour l'égalité*, La Documentation Française.

l'installation de la haute autorité explicite ces orientations. Les arguments présentés par la HALDE, puis le Défenseur des droits, sur la charge de la preuve, la manière d'appréhender les faits ont pour vocation de contribuer à préciser la grille de lecture pour les juges et de faciliter l'accès aux droits en matière de discrimination. Aujourd'hui, nous allons devant le tribunal pour environ 150 actions par an, et c'est déjà beaucoup. Peu de nos homologues en font autant.

Eu égard à ses moyens, le DDD n'a pas vocation à intervenir dans tous les dossiers qui sont portés devant la juridiction. Il intervient dans les dossiers dont il est saisi. Le défi à relever est celui de concourir à faire évoluer la règle de droit, mais aussi à stabiliser le droit applicable, en améliorant sa lisibilité et son efficacité pour faciliter les recours pour chacun. Par exemple, aux débuts de la HALDE, il n'y avait aucun dossier sur le retour de congé de maternité : nous avons déployé une véritable stratégie d'intervention sur ces questions, en appui au développement de la jurisprudence. Aujourd'hui, il s'agit d'une matière stabilisée, où les femmes trouvent le chemin du tribunal et sont indemnisées.

Pour revenir à la vie des institutions, la mise en œuvre de leurs pouvoirs, leurs stratégies d'action dépendent de la rencontre de personnes et de compétences spécifiques, surtout quand il s'agit de sujets nouveaux. Ce sont des outils qui ne vont pas de soi, qu'il faut faire vivre. De ce point de vue, l'intégration de la HALDE dans le DDD n'a pas opéré de rupture. Avec le recul, elle a permis l'élargissement de notre champ de compétences, dans le sens de la mobilisation d'un cadre juridique plus large, incluant désormais droits de l'enfant, service public, déontologie de la sécurité, etc. Nous pouvons aujourd'hui intervenir dans un certain nombre de dossiers, comme l'expulsion des camps roms, pour lesquels la HALDE n'était pas compétente. C'est la raison pour laquelle nous avons intégré la non-discrimination dans tous les domaines de compétences du Défenseur des droits, ce que nous appelons la transversalité : la transversalité des pouvoirs et des matières, avec une palette d'expertise plus large au service des personnes discriminées.

« AVEC LE RECUL, L'INTÉGRATION DE LA HALDE AU SEIN DU DÉFENSEUR DES DROITS N'A PAS OPÉRÉ DE RUPTURE. ELLE A MÊME PERMIS L'ÉLARGISSEMENT DE NOTRE CHAMP DE COMPÉTENCES, DANS LE SENS DE LA MOBILISATION D'UN CADRE JURIDIQUE PLUS LARGE, INCLUANT DÉSORMAIS DROITS DE L'ENFANT, SERVICE PUBLIC, DÉONTOLOGIE DE LA SÉCURITÉ, ETC. NOUS POUVONS AUJOURD'HUI INTERVENIR DANS UN CERTAIN NOMBRE DE DOSSIERS, COMME L'EXPULSION DES CAMPS ROMS, POUR LESQUELS LA HALDE N'ÉTAIT PAS COMPÉTENTE. C'EST LA RAISON POUR LAQUELLE NOUS AVONS INTÉGRÉ LA NON-DISCRIMINATION DANS TOUS LES DOMAINES DE COMPÉTENCES DU DDD, CE QUE NOUS APPELONS LA TRANSVERSALITÉ : LA TRANSVERSALITÉ DES POUVOIRS ET DES MATIÈRES, AVEC UNE PALETTE D'EXPERTISE PLUS LARGE AU SERVICE DES PERSONNES DISCRIMINÉES. »

SOPHIE LATRAVERSE

VARIA

La Justice face aux discriminations : les enjeux d'une reconnaissance

Mathilde LEBORGNE

Mathilde Leborgne est diplômée en socio-anthropologie mention « Migrations et Relations Interethniques » à l'Université Paris Diderot, Unité de recherche « Migration et Société » (URMIS). Elle est chargée de mission formation à l'Institut Régional de la Ville (IREV à Lille, centre de ressources politique de la ville des Hauts-de-France) où elle développe des actions liées à la prévention et à la lutte contre les discriminations (qualification, information, valorisation des expériences de terrain). En 2016, dans le cadre de sa formation, elle collabore avec l'association Droit Pluriel pour une mission intitulée « Professionnels du droit et handicap », dont est issu le présent article.
mathleborgne@gmail.com

Introduction

La Justice, en tant qu'institution, doit permettre à chaque citoyen·ne de connaître ses droits, d'avoir accès au droit. Elle doit également permettre à chacun·e l'accès à ses prestations et services (conseil, accompagnement, représentation, etc.), ainsi que de pouvoir les comprendre. Que se passe-t-il lorsqu'une partie de la population n'y a pas accès, car ne peut pas – ou a du mal à – identifier ses droits, comprendre les procédures, appréhender le fonctionnement d'une institution complexe ? Droit Pluriel, association qui milite pour que soit facilité l'accès à la justice des personnes en situation de handicap, porte cette question. Elle met en avant le fait qu'une personne malvoyante peine à suivre un procès ; qu'une personne dyslexique rencontre plus de difficultés à comprendre un acte écrit ; qu'une personne sourde a besoin d'un interprète « gesticulant » à côté du juge ou de l'avocat pour pouvoir avoir accès au droit, à ses droits. Ces personnes pour qui l'éducation au droit peut être complexe devraient-elles rester en marge de la justice et de ses institutions qui ont pourtant vocation à accueillir tous ses citoyens ?

Une étude de plusieurs mois sur les thématiques croisées du handicap et de la Justice a été menée par l'association Droit Pluriel, même si de fait, l'objectif affiché de cette dernière est de former les professionnels du droit au handicap[1]. Selon les conclusions de son rapport, rendu en 2016, les personnes handicapées n'auraient pas ou peu accès au droit et à la justice car « *les professionnels du droit n'identifient pas toujours, ou mal, le handicap* », et les personnes handicapées se détournent du droit, le plus souvent par « *peur* » (Droit Pluriel, 2016 : 9). Dès le départ, la manière d'aborder le problème est floue : ce dernier vient-il du public, ou de l'institution ? L'idée sous-jacente d'une formation vient finalement orienter la façon dont le problème est posé. En effet, face à ces constats, Droit Pluriel décide de mettre en place avec le Défenseur des droits une formation destinée à former les professionnels du droit (magistrats, avocats, greffiers, huissiers, conciliateurs, notaires) au handicap et à ses spécificités.

Qu'est-ce que le handicap ? Comment adapter son comportement ? Que dit le droit ? – sont autant de questions développées dans la formation. Notre projet de recherche dans le cadre de la mission « Professionnels du droit et handicap », qui s'est déroulée en 2016, a été d'étudier comment une association positionnée dans le champ du droit et de la Justice prenait ou non en compte les enjeux de discrimination. Il nous a semblé en effet logique, dans un premier temps, que des professionnels de la Justice s'arment du droit de la non-discrimination face à un constat de non-accès d'une partie de la population à un service, et s'ancrent ainsi dans la perspective de ce l'on pourrait appeler un *modèle social* dans l'approche du handicap[2]. Or, Droit Pluriel ne parle jamais de « discrimination », sinon de « non-

---

[1] Droit Pluriel est une association militant pour « une justice accessible à tous », en particulier pour les personnes en situation de handicap. Elle mène des actions visant à former les professionnels du droit au handicap, rendre accessibles les réseaux d'accès au droit (comme les CDAD – Conseils départementaux d'accès au droit) ou encore informer et sensibiliser le public et les futurs professionnels (magistrats, avocats, notaires, huissiers) à travers, par exemple, des cafés « Uni-diversité » au sein des universités et dans les écoles. Créée en 2015, elle regroupe des juristes, des chercheurs, réunis au service de la cause de « la reconnaissance des droits ». Cf. http://droitpluriel.fr/

[2] Nous revenons ci-dessous sur les différences entre modèles social et médical.

accès ». Aborder cette problématique sous l'angle de l'accès au droit ne revient-il pourtant pas à passer sous silence la manière dont le système judiciaire traite les publics identifiés au handicap, en se concentrant sur leurs déficiences individuelles réelles ou supposées ? En d'autres termes, peut-on traiter de l'accès au(x) droit(s) sans placer au cœur de la réflexion la question des discriminations ?

Pour éclairer plus avant ces phénomènes de tension(s) et résistance(s) que nous avons observés, il s'agira dans un premier temps de revenir sur la manière dont le handicap est envisagé de nos jours, et plus particulièrement dans la sphère juridique. Nous étudierons ensuite comment les professionnels du droit se positionnent face à cette définition du handicap et au référentiel de la non-discrimination, en particulier ; pour enfin expliquer le glissement opéré par ces derniers de la sphère juridique à une sphère morale ou psychologique.

1. Un rejet du référentiel de la discrimination par les professionnels du droit ?

Un changement de référentiel (Muller, 2011)[3] est récemment venu bousculer la manière d'envisager le handicap, à travers, notamment, les mouvements contestataires de défense des droits des personnes handicapées ainsi que les *disability studies*. Pour le dire vite, on passe d'une définition « *médicale* » à une définition « *sociale* » du handicap (Baudot, 2013). Dans le modèle médical, le handicap est l'attribut de la personne et les solutions apportées sont d'ordre médical : guérir, adapter, changer le comportement de la personne. Dans une perspective sociale, la situation de handicap est créée par les inadaptations de l'environnement et par les « *discriminations exercées par la collectivité* » (Baudot, 2013). En d'autres termes, le facteur causal du handicap est différent selon le modèle utilisé : la déficience personnelle dans la perspective médicale, l'environnement dans une perspective sociale. Malgré ces évolutions dans le champ académique et les logiques de contestation politique, les représentations du handicap restent très souvent basées sur une définition médicale,

[3] Pour Pierre Muller, « *élaborer une politique publique consiste d'abord à construire une représentation, une image de la réalité sur laquelle on veut intervenir. C'est en référence à cette image cognitive que les acteurs organisent leur perception du problème, confrontent leurs solutions et définissent leurs propositions d'action : cette vision du monde est le référentiel d'une politique.* » (Muller, 2011 : 57-68).

centrée autour de la déficience individuelle et ses conséquences. Nos travaux ont mis en exergue la manière dont ce modèle médical continue aujourd'hui à s'imposer dans la sphère juridique – alors même que celle-ci constitue en théorie le domaine par excellence de lutte contre les discriminations – identifiant toujours comme cause prioritaire du *non-accès* aux droits un attribut individuel, à savoir la déficience. L'enquête menée par Droit Pluriel est représentative de cette observation. Qu'il soit compris comme la déficience ou comme situation, le handicap reste « *un obstacle dans l'accès aux droits* »[4]. Ce n'est donc pas dans l'environnement et son inadaptation que le problème se loge, mais bien dans la déficience. Le handicap est vu comme le facteur causal des difficultés, auquel il convient de remédier. La notion de discrimination est en revanche absente du champ discursif et argumentatif déployé par l'association : elle n'apparaît ni sur le site internet, ni dans les écrits professionnels, ni dans les discours, alors même que la mission investie par cette dernière, avec le soutien du Défenseur des droits, semble s'inscrire avant tout dans une logique sociale du handicap, à savoir former les professionnels du droit pour prévenir les situations de blocage.

La manière de définir un problème est en effet primordiale, car cette définition conditionne ce qui sera attendu de l'action publique en matière de réalisation et de résultats. Lorsque l'on parle d'accès ou de non-accès, la focale est posée sur le public : les personnes en situation de handicap n'arrivent pas à accéder au droit et à la Justice. Inversement, parler de lutte contre les discriminations situe l'action davantage dans un environnement, en déplaçant le regard vers l'institution. Comme nous le verrons à présent, le fait de ne pas parler de discriminations pour ces professionnels du droit ne relève pas de difficultés qui seraient propres au concept lui-même, mais plutôt d'une méconnaissance, voire d'une méfiance qui lui est attachée, rendant les acteurs réticents à le poser en point de départ de leur réflexion.

---

[4] Dans son rapport, l'association se donne pour objectif de dresser un état des lieux qui doit faire apparaître les difficultés éprouvées par les justiciables en situation de handicap, ainsi que les difficultés éprouvées par les professionnels du droit confrontés au handicap : « *La mise en commun de ces éléments devrait dégager les principaux obstacles créés par le handicap dans la relation justiciable/professionnels du droit* » – écrit-elle ainsi (Droit Pluriel, 2016).

1.1 Une vision restrictive de la discrimination

La notion de discrimination s'est construite en droit. Connotée négativement, entendue comme « *ce qui est fondamentalement à proscrire* » (Lochak, 2012 : 15), la discrimination dans sa définition juridique renvoie dans un premier temps à une manifestation directe. La discrimination directe est « *un acte, une pratique, qui constitue un traitement défavorable (une différence de traitement à situation semblable)... dans une situation prévue par les textes... fondé sur un des 20* [aujourd'hui plus] *critères prohibés par la loi* » (Lochak, 2012 : 16). Cette définition et conception de la discrimination sont apparues comme largement partagées au sein de Droit Pluriel et de ses partenaires professionnels. Ils adoptent, de la sorte, une vision juridique restreinte de la discrimination, où celle-ci est *directe* et n'est condamnable que pénalement. L'accent est mis sur l'intentionnalité de l'acte ou de la pratique, écartant ainsi ceux et celles dont l'intention ne peut être démontrée. Le droit ne fait pourtant pas de l'intentionnalité un élément constitutif de la discrimination : la discrimination peut découler de « *mesures neutres en apparence, mais en réalité discriminatoires* » (Tsujimura et Lochak, 2006). C'est le cas des discriminations indirectes, définies comme « *une disposition, un critère ou une pratique neutre en apparence, mais susceptible d'entraîner un désavantage particulier pour des personnes par rapport à d'autres personnes, à moins que cette disposition, ce critère ou cette pratique ne soit objectivement justifié par un but légitime et que les moyens pour réaliser ce but ne soient nécessaires et appropriés* »[5].

Cependant, sur ces questions et de manière surprenante, les professionnels du droit ne raisonnent pas en juristes, et mettent plutôt en avant une conception morale ou moralisante, où comme le montrent les extraits suivants, c'est la notion d'intentionnalité qui forme un des points d'achoppement :

« *Je trouve que le mot discrimination, forcément, il insinue* [...] *un méchant et un gentil, quelqu'un qui a fait quelque chose de mal à une personne, sans raison.* » (membre de Droit Pluriel)

[5] Loi n° 2008-496 du 27 mai 2008 portant diverses dispositions d'adaptation au droit communautaire dans le domaine de la lutte contre les discriminations.

« *Pour moi les discriminations ça ressort de quelque chose qui est, comment dire, qui est pensé et… quand tu fais des discriminations, qu'elles soient positives ou négatives, derrière c'est que tu as conscience de ce que tu es en train de faire. Le terme même suppose que tu as une action de discriminer, il est trop catégorique.* » (membre de Droit Pluriel)

Finalement, l'association ne met jamais en avant une responsabilité plus globale de l'institution judiciaire et de son fonctionnement, et cela, malgré les partenariats engagés avec le Défenseur des droits. Pour les membres de Droit Pluriel, les personnes en situation de handicap ne sont pas « *discriminées dans leur accès au droit et à la Justice* », mais plutôt « *n'ont pas accès au droit et à la Justice* ». En sous-entendant la responsabilité individuelle du justiciable handicapé, ils ont tendance à dédouaner l'institution.

1.2 Entre « déni » et « dénégation » : les attitudes des professionnels du droit face à la discrimination

Ce constat nous invite à interroger le rapport des professionnels du droit aux actes et aux pratiques discriminatoires, qui peuvent éventuellement être les leurs. « Justice », « indépendance », « impartialité », « neutralité »… sont autant d'attributs que l'on associe à l'institution judiciaire. Or, la justice, comme toute autre institution, « *n'est pas étanche aux logiques de fonctionnement d'une société dans laquelle elle s'inscrit* » (*Réseau national de lutte contre les discriminations à l'école*, 2013) et n'est donc pas à l'abri de pratiques discriminatoires. Il est pourtant très difficile pour les professionnels du droit de reconnaître cette réalité.

On observe ici une forme de déni : celle de toute possibilité d'acte ou pratique discriminatoire de la part de l'institution judiciaire ou de ses acteurs. Pour certains professionnels du droit, les discriminations au sein de la Justice ne les intéressent pas, car « *elles n'existent pas* ». Pour reprendre les termes de Fabienne Ferrerons (2014), on pourrait relier ce déni au « *refus d'un registre réel (celui des actes), et le maintien d'une croyance dans des principes et des valeurs qui protégeraient du racisme et de l'anti-moral* » (Dhume, 2012), et qui protégeraient, dans le cas qui nous intéresse, des discriminations dans leur ensemble et de celles liées à la situation de handicap, en particulier.

Selon l'analyse proposée par Didier Fassin, si certains professionnels opèrent un rejet total de la réalité (déni), d'autres reconnaissent la réalité de certaines pratiques discriminatoires, mais en occultent ou écartent « *les éléments les plus désagréables* » (dénégation) (Fassin, 2006). Selon Ferrons également, « *la gravité du problème des discriminations est reconnue, mais concrètement, quand une situation discriminante se présente, on va chercher à minimiser ou requalifier les faits afin de les rendre acceptables, voire de les légitimer* » (Ferrerons, 2014).

Plusieurs manières de réagir et de justifier cette réalité peuvent être observées de la part des professions juridiques sur le terrain : 1/ la première consiste en la banalisation, voire la minimalisation, de la réalité de la discrimination – dans ces cas-là, les personnes en situation de handicap sont davantage suspectées de « victimisation » et la discrimination n'est pas reconnue (voir aussi Doytcheva, 2015) ; 2/ la seconde procède d'une non-qualification du problème ; 3/ quand la troisième réside dans la reconnaissance, mais en la justifiant, de la pratique discriminatoire.

Prenons un exemple pour illustrer le premier cas de figure – celui d'un homme en fauteuil roulant qui divorce. Sa femme, valide, emprunte les escaliers du Palais de Justice, passe par la « grande porte », puis par l'entrée principale. Quant à lui, le Palais de Justice n'étant pas conforme aux normes d'accessibilité, il doit passer par le garage où sont entassées les poubelles afin d'avoir accès à un ascenseur de service. Cette différence de traitement matériel entraîne un effet dégradant et peut en toute hypothèse constituer une discrimination. Pour le juge en charge de l'affaire et interrogé sur cette question par Droit Pluriel, ce n'en est pas une, sinon un « simple ressenti », car point de discrimination sans intention de discriminer.

Une deuxième réaction, nous l'avons vu, peut consister en une reconnaissance de la discrimination, mais sans que celle-ci soit qualifiée. Cette fois, ce sont les professionnels du droit qui se pensent davantage comme des victimes de l'institution à laquelle ils appartiennent. Ils justifient certaines de leurs pratiques par une « idéologie », un fonctionnement de la justice qui les dépasse : « *Il y a une certaine idéologie de l'égalité, une certaine représentation de la Justice, mais aussi un fonctionnement de la justice ! Si on pense les temps judiciaires, on se rend compte que la productivité des magistrats est copiée sur le mode de production industrielle, que l'on répète à toutes les actions humaines* »[6]. Ce témoignage vient insister sur le fait que les professionnels du droit se considèrent comme les premières victimes du manque de temps et de moyens qui caractérise leur institution, et vient se répercuter ensuite sur la qualité des services rendus.

Enfin, les professionnels du droit reconnaissent et assument parfois la discrimination, tout en la justifiant. La justification peut être liée au critère de responsabilité : oui, cette pratique était discriminatoire, mais c'est un moyen de me protéger ou de protéger la personne. Une femme en fauteuil divorce. *Quid* de la garde d'un enfant par un parent en situation de handicap ? La réponse du professionnel du droit est claire : « *Soit on n'y connaît rien, et on laisse l'enfant au parent valide, soit on s'y connaît un peu et donc il y a la notion de sécurité et de responsabilité, et on laisse l'enfant au parent valide* » : dans tous les cas, le parent valide a la garde. Dans ce genre de situation, la notion de responsabilité prend parfois le pas sur les droits effectifs du justiciable.

1.3 Professionnels du droit et domination symbolique

Le rapport à la discrimination des professionnels du droit est donc complexe, conduisant à une dé-problématisation de cette dernière : soit ils ne la reconnaissent pas et sont dans le déni ; soit ils la reconnaissent, mais ne l'assument pas, se rapprochant ainsi de l'attitude de dénégation identifiée par Fassin ; soit, dernière possibilité, ils la reconnaissent, l'assument, mais la justifient. Un élément complémentaire de compréhension de cette situation réside dans l'image de l'institution judiciaire : celle qu'elle se donne et celle qui est perçue de l'extérieur par les justiciables, à savoir une institution parfois inaccessible.

Cette représentation participe d'une idéologie de « défense du métier » dont les professionnels de la justice se servent pour rendre compte de certaines conséquences discriminatoires de leurs pratiques[7]. Elle est à la base d'une légitimation des rapports de pouvoir entre justiciables et

---

[6] Extrait d'entretien avec le président de l'Union Nationale des Associations de Familles de Traumatisés crâniens et de Cérébro-lésé, mail 2016.

[7] Sur l'analyse du racisme comme idéologie défensive de métier, voir entre autres De Rudder *et al.* (2000).

institution judiciaire, d'une domination symbolique au sens de Pierre Bourdieu (1970), que l'on retrouve tant sur le fond que sur la forme, et qui peut avoir pour conséquence d'entraver l'accès au droit des justiciables. Cela est facilement observable sur la forme : la manière dont sont pensées les salles d'audience, la manière dont se placent les professionnels (le plus généralement en hauteur, sur une estrade), les habits qu'ils revêtent, etc. font partie d'un « décorum », d'une mise en scène qui consacre la légitimité de l'institution : « *Ce décorum, outre le fait qu'il fait plaisir à ceux qui en profitent, leur image, leur place dans la société etc., en fait c'est la dernière survivance d'une certaine conception des choses, d'une certaine conception de la justice.* [...] *L'habit du magistrat fait partie du scénario, le fait qu'il soit sur une estrade aussi ; qu'il soit entouré d'assesseurs..., mais la vie c'est aussi un spectacle* »[8]. Sur le fond, Droit Pluriel insistera davantage sur la complexité du langage et des écrits, que les personnes en situation de handicap (certaines plus que d'autres, le handicap mental par exemple, ou les personnes sourdes qui rencontrent davantage le problème de l'analphabétisme), subiront plus que d'autres justiciables. En écartant le référentiel de la discrimination, l'association se prive des ressources argumentatives et d'action qu'il permet, et de la possibilité donc d'une critique de ses normes et pratiques professionnelles.

2. Le renvoi de la discrimination dans la sphère morale

C'est donc de manière logique, mais également contre-intuitive, que la discrimination se trouve dans la pratique « déjuridicisée », renvoyée à sa dimension morale, au lieu de sa dimension institutionnelle et politique. En effet, outil privilégié des professionnels de la justice, le droit ne s'est pas imposé dans la stratégie de Droit Pluriel. En l'écartant, cette dernière a déplacé le problème du registre juridique au registre moral et psychologique. Pour répondre à la problématique du « non-accès » au droit des personnes en situation de handicap, l'association a décidé, en accord avec ces partenaires institutionnels, d'axer son intervention sur la (re)connaissance du handicap et le changement des mentalités.

---

[8] Entretiens menés avec des professionnels du droit – notaires et avocats – mai/juin 2016.

2.1 Changer les mentalités versus changer les pratiques

Distinguer le référentiel d'action de la (non-)discrimination de celui porté par l'association revient à souligner deux logiques, deux paradigmes d'actions différents : le premier vise à réguler les pratiques et le fonctionnement de l'institution judiciaire en conformité avec le droit et à l'aide de ses outils (actions en justice, publicité des sanctions, etc.), la grille de lecture première étant celle de ce qui est autorisé ou interdit par la loi. Le deuxième, quant à lui, vise davantage à influer sur les représentations et les idéologies, en essayant de « *changer les mentalités* », *via* une action par exemple de sensibilisation aux préjugés liés au handicap, la promotion de l'image des justiciables en situation de handicap, etc. La trame en est avant tout morale, distinguant le bien et le mal (Dhume, 2014). Ce jeu de miroirs entre les deux logiques d'action est intéressant pour comprendre le passage de la sphère juridique à la sphère morale ou psychologique, de la part des professionnels du droit, qui ont pourtant entre les mains les outils juridiques essentiels à l'action antidiscriminatoire. Ceux-ci, « *visant plutôt la conformation des actes et des pratiques à une norme de droit* » (Dhume, 2014), basculent en l'occurrence dans une approche « *culpabilisante* », plutôt que « *responsabilisante* ». L'objectif premier de la formation devient en effet celui d'une déconstruction des stéréotypes et préjugés liés au handicap, et non pas celui d'un regard critique sur les pratiques des professionnels de l'institution judiciaire, supputées d'emblée « neutres », « justes » et « impartiales ».

2.2 Une action ambiguë

Si *« une Justice accessible à tous »* est l'objectif principal de l'association[9], celui final en est d'éviter que la justice n'exclue, sans pour autant focaliser l'action sur un public en particulier. En matière de handicap, le parti pris est que les professionnels soient parfaitement au clair quant aux droits des personnes en situation de handicap (interprétariat, aménagements, etc.), mais également que leurs représentations et « mentalités » évoluent face à ces questions de société. En somme, c'est une approche éducative assez classique qui leur est proposée (Merton, 1997 [1966]), visant à « déconstruire » les

[9] Comme précisé dans la présentation : « *Droit Pluriel se mobilise pour une Justice accessible à tous* » (*cf. supra*).

préjugés et à « sensibiliser » aux difficultés propres d'un public en particulier. Le plan de formation prévoit ainsi un retour sur les différents types de handicap, la manière de les appréhender et de les « gérer », auquel s'ajoute un apport théorique sur les spécificités du droit appliqué aux situations de handicap.

La logique d'action en est double : d'une part, elle participe d'un « modèle social » en intervenant sur l'environnement et en s'assurant de la capacité du professionnel du droit à ne pas (re)créer la situation de handicap ; d'autre part, la logique médicale subsiste néanmoins, conduisant à un paradigme moral ou psychologique, celui du changement des mentalités face aux différentes formes de déficiences. La formation mise en place en direction des professionnels insiste sur le fait de surmonter « *les obstacles créés par le handicap dans la relation justiciable/professionnels du droit* ». Les logiques solidaristes et de « compensation » du handicap, propres à l'action sociale, dominent au détriment d'une évaluation critique des pratiques professionnelles. Cette ambiguïté semble également naître de la cohabitation entre la volonté d'une lecture politique de la part d'une association se définissant comme « militante », et le statut de ses membres bénévoles, tous appartenant au monde des professions juridiques. Les observations montrent en effet les tensions qui caractérisent les postures individuelles : entre, d'une part, la position de juriste qui adhère plutôt à une définition restreinte de la discrimination et s'inscrit dans une démarche de loyauté vis-à-vis de l'institution judiciaire ; et, d'autre part, la position militante, plus encline à dénoncer et à parler discrimination dans le cadre de la mission.

2.3 Une approche « par le haut »

Nous retrouvons ces mêmes tensions et concurrence de positionnements et de référentiels chez le collectif Nous Autres, nom que ce sont données les contributeur.e.s d'une recherche-action sur l'action publique face au racisme[10]. À les suivre, le référentiel antiraciste offre une grille de lecture par « *le haut* », tandis que celui

[10] « *Réunissant des acteur·e·s issu·e·s d'institutions et d'horizons divers, tou·te·s intéressé·e·s par la chose publique et préoccupé·e·s par un problème qui se pose à "nous tous" (le racisme), ce projet a été un espace expérimental d'élaboration collective* » (collectif Nous Autres, 2013).

de l'antidiscrimination, préconiserait plutôt une approche par « *le bas* » (collectif Nous Autres, 2013).

Si le premier aborde la question par un prisme intellectuel, une conception morale et de principe, le deuxième invite d'abord à porter le regard sur des pratiques, le fonctionnement, dans le but de « *tenter d'enrayer un ordre parfois routinisé* ». En faisant le parallèle avec notre problématique, à savoir la question de l'accès au(x) droit(s), qui ne place pas en son centre une réflexion sur les discriminations, la posture adoptée par l'association Droit Pluriel se rapproche davantage d'une lecture « par le haut », c'est-à-dire basée avant tout sur la morale et les principes. En réaction aux conclusions de son enquête, elle aurait pu décider de mener une mission avec pour partenaires les personnes en situation de handicap ou leurs représentants, au lieu de quoi l'option préférée fut celle de travailler avec les « professionnels du droit ». Pour Olivier Noël (2013), l'importance de se baser sur la parole des discriminés est pourtant essentielle, car elle permet de favoriser une expression libre, de mener à une prise de conscience des discriminations et d'encourager ainsi un « *pouvoir d'agir* ». Si les personnes en situation de handicap ont été entendues lors de l'enquête, elles n'ont guère participé à la construction du projet, ou très peu et de manière seulement consultative, par rapport aux professionnels du droit - avocats, magistrats, greffiers, notaires, etc.

Conclusion

Loin d'imputer à la Justice et au système judiciaire une intentionnalité dans la discrimination, l'objectif serait ici de changer de perspective : ne pas s'attendre à un acte isolé, une pratique directe, mais analyser de manière systémique « *cette somme de petites décisions, de comportements ou d'appréciations qui, enchaînées et répétées de façons routinières quasiment invisibles, composent un système dense d'actes discriminatoires et empêchent l'accès plein et entier à la jouissance des droits d'individus définis par* » leur handicap (Simon, 2005). À défaut de prendre en compte le référentiel de la discrimination dans la problématique de l'accès au droit, la déficience demeure principal facteur explicatif, quand l'environnement, ici l'institution judiciaire, en resterait un acteur marginal. Si parler de discriminations peut recouvrir *a priori* un caractère intentionnel, il s'agit également de reconnaître en quoi, sans forcément de mauvaise intention, mon comportement, celui de l'organisation dans laquelle j'évolue, peuvent avoir des conséquences sur les justiciables que je reçois, accueille, juge ou conseille. Travailler sur les questions de discrimination suppose de reconnaître « *politiquement* » ou « *publiquement* » ces réalités (Noël, 1999 ; Dhume, 2014). Les reconnaître, c'est déjà amorcer leur mise à l'agenda politique et, potentiellement, une intervention publique. Reconnaître la discrimination, c'est également remettre en question une partie du fonctionnement routinier d'une institution, chargée en l'occurrence de rendre compte quotidiennement de ce qui est juste ou pas. Un consensus semble émerger parmi les professionnels du droit autour de l'idée que la « Justice » est garante de l'ordre social, et que les justiciables devraient « en avoir peur » : avoir peur de ses sanctions, mais aussi de ses représentants, pour dissuader les citoyens de commettre crimes et délits. Or, comment concilier cette vision « punitive », « dissuasive » du droit, avec le fait que les personnes en situation du handicap s'en détournent, car précisément elles en ont peur ? : « *L'univers juridique et judiciaire semble inaccessible tant matériellement [...] que symboliquement (complexité de la justice ajoutée à la peur d'une incompréhension de leur situation)* », écrit Droit Pluriel. Il s'agirait, dans un premier temps, pour l'institution, de donner et autoriser l'accès, tant symboliquement (image, représentation, décorum) que dans la réalité des pratiques, en garantissant un service équitable pour tous les justiciables qui en ont besoin. Repenser l'institution judiciaire, pour qu'elle impressionne, mais aussi se montre disponible et accueillante pour chaque citoyen·ne et membre de la collectivité.

Bibliographie :

Baudot P-Y. (2013), « Introduction » *in* « Politiques du handicap », *Terrains & travaux*, n° 23, pp. 5-15.

Bourdieu P., Passeron, J-C. (1970), *La Reproduction,* Éditions de Minuit.

Collectif Nous autres (2013), « Quelle action publique face au racisme ? Une recherche-action dans le Nord-Pas-de-Calais », in *Changer d'approche,* L'Harmattan, pp. 207-217.

De Rudder V., Poiret C., Vourc'h F. (2000), *L'inégalité raciste : l'universalité républicaine à l'épreuve*, PUF.

Doytcheva M. (2015), Politiques de la diversité. Sociologie des discriminations et des politiques antidiscriminatoires au travail, Peter Lang, coll. « Travail & Société », 196 p.

Dhume F. (2014), *Entre l'école et l'entreprise : la discrimination en stage. Une sociologie publique de l'ethnicisation des frontières scolaires*, Presses Universitaires de Provence, coll. « Sociétés contemporaines ».

Dhume F. (2012), Déni, dénégation et justification : processus et pratiques d'occultation de la discrimination, ISCRA.

Droit Pluriel (2016), *Professionnels du droit et handicap,* 34 p. [En ligne].

Fassin, D. (2006), « Du déni à la dénégation. Psychologie politique de la représentation des discriminations », *in De la question sociale à la question raciale ? Représenter la société française* (Fassin D., Fassin E.), La Découverte.

Ferrerons F. (2014), *Les discriminations à l'école – Du déni à la lutte contre les discriminations,* Master 2 Inégalités et Discrimination, Université Lyon 2.

Lochak D. (2012), « La notion de discrimination », *Confluences Méditerranée*, n° 48.

Merton R. K. (1997) (1e éd. 1966), *Éléments de théorie et de méthode sociologique*, A Colin.

Muller P. (2011), *Les politiques publiques*, PUF, coll. « Que sais-je ».

Noël O. (mai-juin 1999), « Intermédiaires sociaux et entreprises : des coproducteurs de discrimination ? », *Hommes et Migrations,* n° 1219.

Noël O. (2013) « Développement du pouvoir d'agir et enjeux d'une lutte pour la reconnaissance du problème public des discriminations "par le bas" », *Les séminaires*. [En ligne].

Réseau national de lutte contre les discriminations à l'école (2013), « La discrimination à l'école, de quoi parle-t-on ? ». [En ligne].

Simon P. (2005), « Le rôle des statistiques dans la transformation du système de discrimination ». [En ligne].

Soulé B. H. (2007), « Observation participante ou participation observante ? Usages et justifications de la notion de participation observante en sciences sociales », *Recherches Qualitatives*, vol. 27 (1), pp. 127-140.

Tsujimura M., Lochak D. (2006), *Égalité des sexes : la discrimination positive en question. Une analyse comparative (France, Japon, Union européenne et États-Unis)*, Société de législation comparée, pp. 39-60.

« LA NOTION DE DISCRIMINATION EST ABSENTE DU CHAMP DISCURSIF ET ARGUMENTATIF DÉPLOYÉ PAR L'ASSOCIATION : ELLE N'APPARAÎT NI SUR LE SITE INTERNET, NI DANS LES ÉCRITS PROFESSIONNELS, NI DANS LES DISCOURS, ALORS MÊME QUE LA MISSION INVESTIE PAR CETTE DERNIÈRE, AVEC LE SOUTIEN DU DÉFENSEUR DES DROITS, SEMBLE S'INSCRIRE AVANT TOUT DANS UNE APPROCHE SOCIALE DU HANDICAP, À SAVOIR FORMER LES PROFESSIONNELS DU DROIT POUR PRÉVENIR DE (RE)CRÉER LE HANDICAP. »

MATHILDE LEBORGNE

RECENSIONS

Berrey E., Nelson R. L., Nielsen L. B. (2017), *Rights on Trial. How Workplace Discrimination Law Perpetuates Inequality*, The University of Chicago Press, 351 p.

C'est par le récit poignant d'une victime de discrimination que s'ouvre cet ouvrage remarquable qui fait le bilan de cinquante ans d'action antidiscriminatoire et en faveur de l'équité en emploi, en portant une focale particulière sur leurs déclinaisons récentes, dans la période post-1980 en particulier. Alors qu'il sort objectivement « gagnant » de son procès, GH le dit sans détour : si c'était à recommencer, il ne ferait pas : « *J'aurais dû encaisser, fermer ma bouche, ne rien dire à personne...* ». Les coûts humains pour lui furent énormes : son épouse l'a quitté, tous ses amis et soutiens dans l'entreprise ont été « ruinés », il a connu une période très longue de forte adversité. Ce sont les formes et les raisons de ce paradoxe que la recherche propose d'éclairer. Comment en est-on arrivé à ce que les groupes mêmes visés par la législation des droits civiques en faveur de l'égalité, souffrent aujourd'hui de formes « uniques » d'exclusion et d'inéquité, à l'intérieur du système judiciaire mis en place pour les protéger ? Comment les relations asymétriques de pouvoir dans le milieu professionnel, mais aussi au tribunal, conduisent-elles à *réinscrire* les processus de domination et de subordination au cœur des dispositifs en faveur de l'égalité des chances en emploi ?

Particulièrement solide sur le plan méthodologique, la recherche menée par trois universitaires de renom, avec le soutien de l'*American Bar Association* combine enquête sociologique et analyse juridique. Sur la base d'une méthodologie mixte, quantitative et qualitative, elle mobilise deux corpus de données : le premier réplique de manière extensive celui constitué par Donohoue et Siegelman, recensant l'ensemble des affaires de discrimination en emploi plaidées devant les tribunaux états-uniens entre 1972 et 1987 : celui constitué pour la présente enquête va de 1988 à 2003 et inclut un échantillon représentatif de 1 788 cas, intégralement codés et analysés. Un deuxième corpus, qualitatif, réunit 100 entretiens individuels approfondis, réalisés avec les plaignants, leurs avocats, les mis en cause, leurs représentants et avocats. Dispositif irréprochable donc, dont un des enjeux essentiels est de saisir comment on passe du droit « dans les livres » au droit « en train de se faire ». Ce questionnement conduit les auteurs à croiser plusieurs approches théoriques, qu'ils font converger autour de trois catégories majeures d'analyse : celle des droits (*rights*), celle de la loi (*law*) et celle des hiérarchies ou ordres de domination.

L'enquête montre notamment que dans le régime juridique antidiscriminatoire actuel, l'employeur exerce un contrôle fort sur le contentieux et le processus judiciaire. La loi préserve l'autorité du management sur le personnel, et ceci de manière à la fois directe et plus subtile. La politique en apparence neutre, canalisée par le système juridique antidiscriminatoire, qui consiste à se référer à l'autorité managériale, contribue à reproduire les hiérarchies organisationnelles qui pullulent sur le lieu de travail. Or ces hiérarchies sont également des hiérarchies genrées, racisées, connotées du point de vue de l'âge ou de la validité.

Le système juridique antidiscriminatoire participe ainsi, c'est la thèse de l'ouvrage, d'un phénomène plus large de réinscription (*reinscription*) des biais et processus discriminatoires : phénomène circulaire par lequel les hiérarchies *ascriptives* de statut que la loi se propose de démanteler se trouvent réifiées et réarticulées à travers l'exercice même de la loi, sur le lieu du travail comme au tribunal[1].

[1] Cette thèse résonne avec l'interprétation proposée par Anne Phillips en termes de *réimposition* : en s'intéressant à la manière dont l'argument de la spécificité culturelle est mobilisé devant les tribunaux pour défendre les droits individuels, Phillips note ainsi qu'il emprunte souvent la voie de représentations genrées, racisées, classistes très conventionnelles: « *ce qui prend la forme d'un accommodement de la différence est en réalité une* réimposition *de la ressemblance* », à savoir des clichés et stéréotypes déjà fort répandus chez les majoritaires, qui sont ici « *augmentés en intensité, car perçus comme des codes culturels* ». La culturalisation des sujets et des pratiques fonctionne parce qu'elle est familière au majoritaire et non pas parce qu'elle lui serait exotique ou étrangère. *Cf.* Phillips A. (2007), *Multiculturalism without culture*, PUP, p. 96 et sq.

Des chercheurs débattent pour savoir quelle part des inégalités au travail sont dues à des discriminations (dans le recrutement, l'avancement de carrière, la rémunération) : pour certains économistes, celles-ci ne sont responsables que de 1 à 2 % des écarts observés ; la plupart des économistes, sociologues et statisticiens, spécialistes de l'emploi, considèrent cependant que ces valeurs se situent plutôt entre 35 et 50 %. Depuis plus de cinq décennies, la judiciarisation de l'égalité et de la non-discrimination a été perçue aux États-Unis comme l'instrument privilégié de l'égalité des chances au travail. Près de trois décennies après la loi de 1964, le *Civil Rights Act* de 1991 conforte cet engagement. Les années 1990 voient le contentieux pour discrimination augmenter de manière importante (avant de décliner dans la décennie suivante). Mais contrairement à l'image colportée par un discours médiatique largement diffusé de victimes « avides », d'« explosion » de procès, de jurys « à la dérive » et de « vainqueurs » à succès, les plaignants reçoivent des dédommagements très modestes (si dédommagement il y a), comparés aux coûts exorbitants, personnels et financiers, qu'ils doivent affronter dans la perspective d'un procès. Ces coûts se révèlent particulièrement forts pour les Afro-Américains : à la difficulté plus importante d'accéder à un conseil juridique de qualité, se joint la stigmatisation très forte sur le lieu de travail : comme le montre une littérature psychologique en développement : on y regarde avec force suspicion ceux qui se disent victimes de discrimination.

Seulement 6 % des actions débouchent sur un procès. Si les requérants font des « *coups isolés* » (*one-shotters*), les mis en cause sont des « *joueurs expérimentés* » (*repeat players*). Cette iniquité face à la légalité, les met dans un avantage significatif à presque chaque étape de la procédure. *Quid* ensuite de la manière dont les professions juridiques interprètent et appliquent le droit ? La plupart des demandeurs n'ont pas d'avocat. Si oui, ce dernier contrôle souvent fortement l'orientation du contentieux et insiste pour un règlement amiable. Par contraste, les mis en cause sont toujours représentés, ils exercent un pouvoir fort sur les décisions judiciaires. Bref, le système formellement neutre du procès contradictoire à l'américaine favorise les nantis, au détriment des moins aisés. En parallèle, les tribunaux ont réduit les possibilités de prétendre à des remèdes plus systémiques (à travers des actions de groupe ou la mise en évidence de discriminations indirectes ou systémiques, fondées sur la disparité de situation (*disparate impact*) et non seulement de traitement[2]).

Le contentieux est ainsi aujourd'hui entièrement dominé par des actions individuelles, visant des discriminations directes : dans un 1 % des cas seulement une certification d'action de groupe est demandée ; 93 % des affaires font mention uniquement d'une différence de traitement (plutôt que, ou en parallèle de, une différence de situation : *disparate impact*, *cf. supra*).

La faute en partie de cette situation à la catégorie juridique des *droits*. En plus de ses effets matériels, qui peuvent de surcroît varier entre groupes sociaux et dans le temps, la loi est un « dispositif rhétorique », qui pourvoie des ressources et du pouvoir symbolique. Indépendamment des processus judiciaires, les décisions d'autorités administratives, d'experts qui agissent en faveur de la mise en œuvre des droits contribuent à l'élaboration d'une conscience juridique, d'une « *responsabilité légalisée* », voire d'une « *autorité managérialisée* » (Edelman, 2016). Mais selon les tenants des *Critical Legal Studies*, des sciences sociales de tendance empirique, plus sceptiques quant à la capacité des droits à fonder une stratégie efficiente contre les inégalités, ceux-ci ont un pouvoir limité de changement social. Le modèle juridique antidiscriminatoire exige des groupes-cibles de se constituer en « *victimes* » (Bumiller, 1988) ; y avoir recours pourrait créer plus de problèmes que cela ne permettrait de résoudre (Lucas, 2009), d'autant que la logique actuelle de la non-discrimination se caractérise par le recentrage opéré sur le préjudice individuel, plutôt que sur la prise en compte de situations collectives (en matière de genre, de « race » ou d'ethnicité). D'aucuns affirment

---

[2] Énoncée dans un arrêt fondateur de la Cour suprême en 1971, *Griggs vs Duke Power Co*., la théorie du *disparate* ou *adverse impact*, que l'on pourrait traduire par disparité de situation, recoupe la définition des discriminations indirectes en droit français et européen, à savoir : des règles, des procédures « en apparence neutres », mais qui peuvent causer un désavantage significatif pour les membres de certains groupes en particulier (parmi ceux protégés par la loi antidiscriminatoire). Aux États-Unis, l'arrêt *Griggs* a donné une impulsion et justification importantes aux programmes d'action positive, instrument privilégié pour prévenir et corriger les effets systémiques de la discrimination au travail.

ainsi que des actions sociales plus fondamentales sont nécessaires pour s'attaquer à ces formes d'inégalité encastrées (Schultz, 2003).

Sans nécessairement prendre position dans le débat théorique, les auteur-es montrent pourtant comment la loi est affectée et profondément intriquée dans les hiérarchies mêmes de pouvoir, qui caractérisent les rapports sociaux de « race », sexe, handicap ou âge, que le droit antidiscriminatoire se propose en théorie d'attaquer. L'enquête réalisée montre, tant sur le plan qualitatif que quantitatif, la capacité très imparfaite du droit à subvertir ces ordres de domination illégitimes. Plus, cette capacité de révision critique est mise à mal par l'incidence de facteurs récurrents, dont les effets cumulés favorisent systématiquement les employeurs au détriment des salariés. Il en va ainsi des asymétries structurelles de pouvoir tant au travail que devant les tribunaux, de la nature antagoniste et conflictuelle de la procédure judiciaire qui génère une forte adversité et des coûts importants pour les victimes, de l'individualisation croissante des litiges. Ensemble, ces facteurs œuvrent de manière systémique à réinscrire les *hiérarchies ascriptives*, plutôt qu'à les déstabiliser, alors que les structures, règles et conventions, prétendument neutres, tant dans l'entreprise qu'en justice, perpétuent les biais au cœur même des dispositifs contre les discriminations au travail. La plupart des plaignants non seulement perdent ou obtiennent des dédommagements modestes, mais ils sont vilipendés par leur (ex-)employeur, cependant qu'il est très rare que les affaires jugées soient relayées par l'entreprise en interne pour promouvoir l'équité, comme le voudrait notamment une logique militante et politique en faveur des droits civiques.

En lieu et place, les issues judiciaires demeurent scellées, comme encapsulées dans les clauses de confidentialité que prévoient les accords à l'amiable, bloquant ainsi toute hypothèse de changement. La judiciarisation de la non-discrimination au travail révèle ainsi, selon les auteurs, des paradoxes et clivages profonds de la société américaine.

Cette critique hautement paradoxale et problématique, qui était déjà en partie formulée en ce qui concerne les politiques propres des entreprises, ainsi que de leurs intermédiaires et relais en matière de diversité[3], se trouve désormais de la sorte étendue à l'ensemble du système antidiscriminatoire, y compris dans ses fondements juridiques. C'est tout l'intérêt et la force d'interpellation de cet ouvrage qui démontre de manière brillante dans un « procès » fait aux « droits », comment la loi antidiscriminatoire peut perpétuer biais et disparités tant en justice que sur le lieu de travail. Raison de plus pour la compléter par une action sociale et politique d'envergure et volontariste, option qui a hélas précisément tendance à décliner dans une société américaine néolibérale et « post-raciale », mais aussi également ailleurs au fil d'évolutions comparables.

Milena Doytcheva
Maîtresse de conférences HDR, Université de Lille
doytcheva.milena@gmail.com

[3] Voir par exemple, pour la situation française, Doytcheva *et al.* (2008) ; Kirby and *al.* (2015), Krieger and *al.* (2015), en ce qui concerne les politiques étatsuniennes. Pour une discussion : Doytcheva M. (2015), *Politiques de la diversité. Sociologie des discriminations et des politiques antidiscriminatoires au travail*, Peter Lang.

Amosse T., Denis J.-M. (coord.) (janv.-mars 2016), « La discrimination syndicale en question : la situation en France », Travail et Emploi, n° 145, 216 p.
&
Amosse T., Denis J.-M. (coord.) (avr.-juin 2016), « La discrimination syndicale : un panorama international », Travail et Emploi, n° 146, 140 p.

Les deux ouvrages collectifs soumis à notre étude, traitant de la discrimination syndicale, dressent respectivement un état des lieux au plan international puis en France, sous la coordination de Messieurs Thomas Amosse et Jean-Michel Denis. Ils ont été publiés dans la revue trimestrielle *Travail et Emploi* aux premier et deuxième trimestres 2016.

Ces deux ouvrages dressent un panorama alarmant de la discrimination syndicale dans le monde. Si l'ouvrage relatif à la situation au plan international traite plus particulièrement de quatre pays, la Grande Bretagne, le Canada (États de l'Ontario et du Québec), l'Espagne et la Turquie, ces exemples démontrent de façon complète et efficace le caractère protéiforme de la discrimination syndicale.

En effet, si le résultat visé par les entreprises est bien souvent le même, à savoir l'empêchement des travailleurs de s'organiser collectivement, la mise en pratique de cette stratégie a des origines et des motivations diverses, mais également des moyens d'actions distincts, en fonction notamment du caractère plus ou moins protecteur de la législation interne.

Il est notamment intéressant de noter qu'en Grande-Bretagne, pays dans lequel la discrimination syndicale est un fléau, aucun corpus législatif n'a été mis en place pour protéger les droits des syndicalistes : la Commission pour l'égalité et les droits de la personne (*Equality and Human Rights Commission*) instaurée en 2007, n'a pas été investie du pouvoir d'enquêter sur les signalements d'inégalités de traitements liées à des activités syndicales ; de plus, aucune inspection du travail compétente n'existe en matière de négociation collective et aucune obligation de déclaration ne s'applique au licenciement de représentants syndicaux. C'est précisément du fait de cette absence totale de protection par le législateur que la discrimination syndicale est facilitée et rendue possible.

À l'inverse, au Canada, le Code du travail du Québec et la loi de 1995 sur les relations de travail en Ontario prévoient un important éventail de mesures qui prohibent l'ingérence et la mainmise de l'employeur sur les associations de salariés ainsi que les discriminations et représailles en raison d'activités syndicales ou de l'exercice d'un autre droit protégé. Ces lois encadrent par ailleurs la liberté d'expression de l'employeur en interdisant notamment l'intimidation des syndicats. Ces règles, relativement protectrices, ne sont cependant pas assorties de sanctions suffisamment dissuasives pour les employeurs.

En Espagne, la liberté syndicale est encadrée et garantie par de nombreux textes, tant législatifs que constitutionnels. Toutefois, en pratique, les entreprises sont très rarement condamnées, de sorte que cette législation reste trop souvent lettre morte.

En Turquie, économie libérale dotée d'un régime semi-autoritaire, une enquête menée entre 2011 et 2015 permet de mettre en lumière les pratiques antisyndicales des employeurs, lesquelles vont de pair avec la répression politique des mobilisations syndicales, et ce malgré des réformes juridiques adoptées pour moderniser le pays.

Enfin, en France, un très important corpus législatif et réglementaire existe en matière de liberté syndicale, mais de nombreuses décisions de justice condamnant des pratiques antisyndicales témoignent d'un antisyndicalisme bien présent.

L'étude des ouvrages concernés laisse apparaître une corrélation certaine entre l'absence de législation, ou à tout le moins d'une législation suffisamment dissuasive, et l'existence de réelles atteintes au droit syndical.

Les atteintes qui semblent les plus fortes sont en effet celles qui sont dénombrées au Royaume-Uni. En effet, l'antisyndicalisme, qu'il soit d'origine idéologique (« *l'aversion idéologique du patronat pour le syndicalisme* », Barert S. et Omey E., 2014, p. 1) ou pragmatique (« *opposition due au fait que les employeurs voient l'action syndicale comme une ingérence dans leurs objectifs de réduction des coûts et de maximisation des profits* ») et prend la forme de discrimination directe mais également indirecte.

Les discriminations directes qui peuvent être relevées en Grande-Bretagne sont d'une part le harcèlement par l'établissement et l'échange entre employeur de « *black lists* » (listes de syndicalistes à ne pas recruter), le licenciement ou la mise à pied de délégués syndicaux élus ou de travailleurs syndiqués en raison de leurs activités syndicales, l'empêchement des militants syndicaux d'être promus, d'accéder à des formations ou encore leur affectation régulière sur de nouveaux postes ou de nouvelles équipes ; et d'autre part l'empêchement syndical, lorsque l'employeur ne reconnaît pas les représentants syndicaux comme des porte-paroles légitimes des salariés, ou encore par la réorganisation du personnel de façon à ce qu'aucune majorité syndicale ne se dégage.

Mais la discrimination est également plus insidieuse et peut être indirecte, se matérialisant notamment par la marginalisation des syndicats, par exemple en remplaçant la négociation collective par d'autres formes de consultation de salariés.

Enfin, la restriction légale est très présente en Grande-Bretagne : atteinte la plus grave à la liberté syndicale, il s'agit pour l'employeur de soutenir les lois et mesures prises par le gouvernement pour affaiblir l'action syndicale notamment par le biais de dons au parti conservateur. C'est ainsi que soixante mesures restrictives telles que des incitations financières accordées aux travailleurs qui acceptent de négocier directement avec l'employeur ou encore la limitation des droits syndicaux durant la grève : limitation des piquets de grève, préavis de sept jours, actions entreprises par solidarité avec les grévistes interdites, licenciement de grévistes ayant participé à une action collective non autorisée.

L'ouvrage laisse très clairement apparaître le lien qui existe entre l'absence de protection légale et la gravité des atteintes à la liberté syndicale.

D'ailleurs, au Canada, et plus particulièrement au Québec et en Ontario, États dans lesquels la protection législative est plus contraignante mais les sanctions insuffisamment dissuasives, la situation globale est meilleure qu'en Grande-Bretagne même si elle n'a pas pour effet de protéger de manière suffisamment effective le droit d'association des travailleurs.

En effet, quatre types de stratégies antisyndicales sont relevés par les auteurs : la campagne de cooptation, qui se caractérise par une amélioration des salaires et conditions de travail afin d'éviter la présence des syndicats ; la campagne de contrôle par laquelle l'employeur encourage la reconnaissance d'un syndicat modéré ou la création d'un « syndicat maison » avec lequel il négociera ; la campagne de peur qui instaure un climat d'austérité par la menace de possibles représailles en cas de mouvement collectif ; et enfin la campagne de blocage qui désigne le recours à des mesures administratives, juridiques ou dilatoires afin de faire obstacle à la reconnaissance du syndicat et à la conclusion d'une convention collective.

Les pratiques antisyndicales ayant été peu étudiées, notamment au Québec, c'est par une minutieuse analyse jurisprudentielle des décisions rendues par les tribunaux du Québec et de l'Ontario que les auteurs ont pu déterminer et catégoriser ces diverses atteintes à la liberté syndicale.

En Espagne, les principales attaques contre le syndicalisme sont de deux ordres : la création et la pérennisation de « syndicats maisons », contrôlés, soutenus et utilisés par l'entreprise pour renforcer son contrôle de la main-d'œuvre et pour empêcher la représentation d'autres organisations syndicales moins dociles, et corrélativement la forte répression envers les autres syndicats.

Les auteurs donnent quelques exemples concrets, notamment la célèbre enseigne espagnole El Corte Inglés, enseigne dans laquelle l'organisation économique du travail a été pensée et mise en place pour favoriser les « syndicats maison » et réprimer tous les syndicats « ennemis ».

Ce modèle déjà éprouvé s'est peu à peu diffusé dans les grandes enseignes de l'hypermarché, ces entreprises n'hésitant pas à faire pression sur les salariés en modifiant ou non, leurs horaires et leurs temps de travail.

En Turquie enfin, trois stratégies principales de discrimination syndicale sont mises en œuvre par le gouvernement, les employeurs et même certains syndicats : utilisation de la répression envers les syndicalistes de type socialiste, nouvelle réglementation juridique, et définition d'un syndicalisme légitime proche du parti au pouvoir ; marginalisation et criminalisation des salariés syndiqués, licenciements, mutations, enquêtes internes, violences physiques ; intervention de syndicats dans la mise en œuvre de pratiques discriminatoire à l'encontre de syndicats rivaux.

L'exemple de la France, étudié dans le second ouvrage collectif soumis à notre étude, démontre que la protection légale n'est pas suffisante pour lutter efficacement contre les discriminations syndicales. En effet, malgré un important dispositif législatif, l'activité syndicale expose encore en France, collectivement comme individuellement. Les retards de carrière des syndicalistes restent la partie la plus visible d'un anti-syndicalisme encore très répandu, avec toutes les difficultés de preuve que ce type de discrimination engendre. Les auteurs font une distinction des États entre ceux qui ont choisi l'*exit* (défection) et ceux qui ont choisi la *voice* (prise de parole) : là où certains pays n'assurent pas de protection effective des droits syndicaux, incitant les salariés mécontents à quitter leur entreprise plutôt qu'à s'organiser collectivement, d'autres pays, comme la France, retiennent l'option de la prise de parole ; dans le cas de la France, ce soutien institutionnel des organisations syndicales n'est toutefois pas encore suffisant. Les auteurs appellent de leurs vœux une révolution institutionnelle en France afin de permettre aux syndicats de jouer un rôle majeur dans les conseils d'administration et la stratégie des entreprises, tel que cela se pratique dans les pays du Nord, afin que la discrimination syndicale soit enfin réduite à peau de chagrin.

Julie Noel
Avocate diplômée de l'Université de Bordeaux
Julienoelavocat@gmail.com

Mercier J., Morel S., Déom E. (dir) (2006), *La discrimination en emploi. Quels moyens faut-il prendre ?*, Presses Universitaires de Laval, 270 p.

L'ouvrage sous la direction d'Esther Déom, Jacques Mercier et Sylvie Morel a été rédigé suite au LXIe congrès des relations industrielles de l'Université Laval organisé en 2005. Cela n'est pas anodin ni pour sa structure ni pour son caractère très pragmatique qui est annoncé déjà par son sous-titre.

Publié en 2006, ce travail collectif revient sur la question des discriminations dans l'emploi au Québec. Les auteurs se sont donné une triple ambition : faire un état de lieux, décrire et comparer la réalité québécoise dans une perspective internationale ainsi que proposer des pistes et leviers d'actions pour faire évoluer la situation en matière d'égalité de traitement dans le champ du travail. En s'appuyant sur les expertises diversifiées des auteurs, cette publication puise dans de multiples approches en lien avec la problématique en question.

Une présentation générale de la question des discriminations au Québec ouvre la première partie de l'ouvrage. À travers les études statistiques, les auteurs se focalisent sur les groupes particulièrement concernés par cette problématique et montrent l'évolution de leurs situations respectives dans le temps. L'impact néfaste de l'accumulation des motifs de discrimination pour un individu est ainsi démontré. Cette partie est également consacrée à la recherche d'une réponse par rapport à la subsistance de la discrimination en emploi ainsi qu'à l'identification des freins et des difficultés dans la mise en œuvre de la politique antidiscriminatoire.

La deuxième partie de l'ouvrage se concentre autour d'études des cas et de divers retours sur l'expérience « d'ici », à savoir au Québec et « d'ailleurs » en Suède. Pour ce qui concerne le territoire québécois, les auteurs reviennent principalement sur les dispositifs portant sur l'équité salariale : sa mise en œuvre dans les structures municipales, son impact sur les ressources humaines et les facteurs de la réussite de cette démarche. Ce regard pragmatique est complété par un retour rétrospectif et des interrogations sur la genèse de la question de la discrimination salariale dans le débat et dans l'action publique.

En ce qui concerne l'expérience suédoise, il s'agit de l'égalité femme-homme qui est présentée à travers une analyse socio-historique. L'auteure revient sur les origines du débat et du traitement de cette question en Suède pour ensuite démontrer comment elle s'est imposée comme un problème social central, en se transformant en question de la citoyenneté.

Enfin, la troisième partie porte sur les perspectives d'avenir. Les auteurs s'accordent sur l'existence d'une multitude de lois et de mesures pour lutter contre les discriminations mais ils jugent leur application insuffisante. Le portage politique fort et surtout le changement des mentalités, des habitudes au sein de la société sont nécessaires afin de pouvoir lutter contre les discriminations efficacement dans le secteur privé ainsi que dans le secteur public.

Bien que les auteurs aient circonscrit leur propos à un seul critère de discrimination, le sexe, et ont donné une grande importance à la question d'égalité femme-homme, le livre La discrimination en emploi. Quels moyens faut-il prendre ?, propose une grille de lecture structurée et claire.

Les analyses méticuleuses et approfondies, les regards croisés des chercheurs, des représentants des salariés ou des syndicalistes, dressent un panorama détaillé de la problématique des discriminations au Québec.

Davantage d'éclairages concernant le climat social auraient pu par contre contribuer à mieux comprendre, à un lecteur peu familier avec le système politique et juridique québécois, les logiques sous-jacentes à la dynamique de la lutte contre les discriminations.

En revanche, l'ouvrage permet de constater une fois de plus que les discriminations recouvrent une réalité qui donne à voir les maux sociaux caractéristiques des systèmes capitalistes. L'analyse du champ de l'emploi confirme une sorte de contradiction entre l'idéal antidiscriminatoire, porté par l'État-providence ayant comme but d'assurer une égalité sociale réelle et la réalité des règles de fonctionnement du libre marché pour lesquelles le traitement différencié et les inégalités constituent des éléments inhérents.

Anna Krol
Docteure en philosophie, laboratoire PPL, Université Grenoble-Alpes.
anna.krol38@gmail.com

Barthélemy Barcik
Doctorant en sociologie, laboratoire Pacte CNRS, Université Grenoble-Alpes.
bart.barcik@gmail.com

APPELS
À ARTICLES

Style des propositions de contribution attendu :

- Les propositions d'articles sont attendues avant le 23 février 2018.

- Les propositions devront comprendre :
  - L'article complet (30 000 environ)
  - Une présentation de(s) auteur.e.s -2,3 publications et affiliations
  - Un résumé en français (10 lignes)
- Les normes de mise en page sont disponibles à l'adresse suivante : http://www. lescahiersdelalcd.com/appel-a-articles/appel-a-articles-permanent/

Dates limites d'envoi et conditions :
- L'ensemble des articles soumis à expertise devront être envoyés à l'adresse suivante avant le 23 février 2018 : cahiers.cd@gmail.com
- Les articles feront l'objet d'une double expertise
- Les auteur.e.s seront informé.e.s de la recevabilité de leur proposition, ou de la correction et types de corrections le 23 mars.
- Les articles retenus devront être envoyés modifiés, avant le 23 avril 2018.

La publication de ce numéro sur « Langues et discriminations » est prévue en juin 2018.

Normes de la rédaction

- Les notes de bas de page ne renvoient pas aux références bibliographiques mais permettent d'indiquer des éléments n'apparaissant pas dans le texte.
- Les références s'écrivent dans le texte (NOM, Date) : si plusieurs références d'un même auteur renvoient à la même date, merci d'accoler à cette dernière une lettre (a, b, c) que l'on retrouvera en bibliographie.
- Pour les livres : Nom Initiale du prénom. (date), *Titre du livre*, édition, collection, date.

• Pour les articles : Nom Initiale du prénom. (date), « Titre de l'article », *Nom de la revue*, numéro, volume, pagination (ex : pp. 10-20).

• Pour un chapitre de livre : Nom Initiale du prénom. (date), « Titre de l'article », in *Titre du livre* (Nom de / de la dir., Initiale du prénom, dir.), éditeur, coll., pagination (ex : pp. 10-20).

• Pour les articles électroniques, merci de compléter vos références par : Disponible sur : lien. Consulté le : Jour/Mois/Année

• Les citations (textes ou entretiens) sont proposées en « *italique* ».

• Chaque auteur.e soulignera 2-3 phrases importantes de son texte afin que ces dernières puissent être mises en exergue lors de la mise en page.

• Les illustrations utilisées doivent être libre de droits (ou fournies avec un accord d'utilisation). Les graphiques et illustrations sont numérotés et comprennent titre et légende.

L'Harmattan

Édition – Diffusion
5-7, rue de l'École Polytechnique 75005 Paris
Tél. 01 40 46 79 20
Fax 01 43 25 82 03

Les Editions l'Harmattan et les Cahiers de la LCD sont heureux de vous annoncer que cette revue sera proposée à l'abonnement en 2018 dès la parution de son numéro 6.

Nés du constat qu'aucune revue dédiée à la lutte contre les discriminations n'existait en France, les cahiers de la LCD visent à rassembler les connaissances et enrichir la réflexion et l'action autour des questions liées à la lutte contre les discriminations. Destinés aux universitaires et étudiant-e-s comme aux professionnel-le-s du champ des discriminations, Les cahiers de la LCD encouragent des propositions d'articles et de thématiques variés, à l'interface des compétences académiques et professionnelles.

4 numéros de la revue sont déjà parus et peuvent être commandés en ligne sur le site de l'Harmattan

http://www.editions-harmattan.fr

LA VILLE FACE AUX DISCRIMINATIONS n°1 ISBN : 978-2-343-09636-0 2d trimestre 2016 144 pages	ÉCOLE, MIGRATIONS, DISCRIMINATIONS n°2 ISBN : 978-2-343-10494-2 3eme trimestre 2016 168 pages	LAÏ-CITÉ(S) ET DISCRIMINATION (S) n°3 ISBN : 978-2-343-11645-7 1er trimestre 2017 190 pages	SPORTS ET DISCRIMINATIONS n°4 ISBN : 978-2-343-12647-0 2d trimestre 2017 154 pages

BULLETIN D'ABONNEMENT POUR LA REVUE
« Cahiers de la LCD» (n^{os}06-08) - Année 2018 (3 numéros)

NOM :...

ADRESSE : ....
....
....

Tarif national : **38.00€**
Tarif international **: 42.00 €**

Je joins un chèque de .... € à l'ordre de l'Harmattan. Pour l'étranger, merci de régler en euros sur banque domiciliée en France, par virement sur notre CCP 23 625 44 N Paris ou par carte bancaire (à l'exclusion de l'American Express) ou PayPal : paiement.harmattan.fr.

Sociologie et questions de société aux éditions L'Harmattan

Dernières parutions

BIO : OÙ EN SOMMES-NOUS ?
Santé - éthique - environnement
Blériot Céline - Préface de Marie-Monique Robin
L'auteur mène l'enquête sur les bienfaits réels du bio. Elle a commencé par étudier l'évolution du monde agricole et de nos assiettes avec l'arrivée de la mécanisation et de la chimie. Observant d'importants dangers sanitaires et environnementaux, elle a découvert un label AB pour deux bios aux concepts quelque peu... différents. Elle a cherché à savoir pourquoi ces bios étant meilleurs à de nombreux points de vue, ils ne remplacent toujours pas l'agriculture dite conventionnelle. Après analyse de nos comportements et de notre société de consommation, elle met en lumière un jeu d'acteurs aux intérêts divergents voire très préoccupants, fort révélateur d'une cohabitation entre le développement et le durable.
(Coll. Perspectives organisationnelles, 19.00 euros, 178 p.)
ISBN : 978-2-343-12259-5, ISBN EBOOK : 978-2-14-004196-9

UN MODÈLE FRANÇAIS NOUVEAU ?
Charlin Jacques
Des paramètres nouveaux, scientifiques, sociétaux, économiques et écologiques ont vu le jour au tournant du millénaire et sont de plus en plus présents. Ils devraient nourrir la réflexion politique sur le temps long. Ce travail est-il fait ? À quoi pourrait ressembler notre pays dans son organisation sociale au milieu du siècle ? Cet ouvrage ouvre quelques pistes de réflexion sur l'organisation sociétale nouvelle qu'il faut tenter d'imaginer.
(Coll. Questions contemporaines, 24.00 euros, 236 p.)
ISBN : 978-2-343-12267-0, ISBN EBOOK : 978-2-14-004364-2

SÉCURITÉ INTÉRIEURE : Enjeux et perspectives
Durand Franck - Sous la direction de Franck Durand
Deux disciplines sont apparues de façon concomitante à la fin du dix-neuvième siècle : la psychanalyse et la criminologie, qui toutes deux s'efforcent d'expliquer le comportement criminel afin de le prévenir. Puis, passant du niveau individuel au niveau collectif, la réflexion porte sur les risques sociaux et sociétaux constituant de nouvelles menaces contemporaines, questionnant l'origine et les formes de la violence. Face à celles-ci, les pouvoirs publics s'emploient à développer une politique de prévention de la délinquance.
(Coll. Droit de la sécurité et de la défense, 19.00 euros, 180 p.)
ISBN : 978-2-343-12253-3, ISBN EBOOK : 978-2-14-004142-6

LE POLITIQUE PAR L'IMAGE
Iconographie politique et sciences sociales
Sous la direction de Christine Pina et Éric Savarese
Qu'est-ce que les images peuvent nous apprendre sur le politique ? Tandis qu'historiens, sociologues et anthropologues considèrent depuis longtemps les documents iconographiques

comme de véritables matériaux empiriques, il n'existe pas de véritable « tradition » d'analyse de l'image en science politique. Cet ouvrage collectif constitue ainsi une invitation à investiguer le politique à partir des images. Car les tracts, les affiches ou les photographies constituent des traces de la diversité des pratiques et des représentations du politique, mais également des supports utilisables pour réaliser des entretiens de recherche.
(Coll. Logiques politiques, 30.00 euros, 300 p.)
ISBN : 978-2-343-12509-1, ISBN EBOOK : 978-2-14-004103-7

JEUX ET CULTURE DE LA RENAISSANCE
L'album d'estampes de Nicolas Prévost
Parlebas Pierre
Les 36 Figures de Nicolas Prévost mettent en scène les pratiques ludiques du XVIe siècle telles qu'elles se déployaient dans leur milieu habituel. On observe l'importance accordée au corps, le degré de violence accepté, le rôle non négligeable de la participation féminine, le niveau technologique des instruments utilisés, le rapport aux animaux. Mettant en spectacle le phénomène éminemment social du jeu, ces images vivantes soulignent comment la Renaissance vit une période de transformation qui affecte notamment les rapports avec le monde matériel et les rapports entre les personnes.
(Coll. Mouvements des Savoirs, 18.50 euros, 162 p.)
ISBN : 978-2-343-12513-8, ISBN EBOOK : 978-2-14-004184-6

LE DROIT DE NE PAS AIMER
Le droit de ne pas aimer : les racines du sextrémisme
Junker Ida
Que serait la femme sans amour ? Romans, films, médias... L'amour est inculqué aux fillettes dès leur plus jeune âge, et conditionne leurs comportements jusqu'à devenir une forme d'aliénation : une «burqa transparente» (selon Belinda Cannone). Là où elle est censée incarner la douceur, la maternité ou la séduction, une femme qui décide d'en finir avec cette surenchère affective doit se montrer suffisamment forte pour résister au discours culpabilisant. Le «sextrémisme» proclamé par les Femen apparaît alors comme un moyen de transcender la condition féminine.
(Coll. Sexualité humaine, 14.00 euros, 120 p.)
ISBN : 978-2-343-10649-6, ISBN EBOOK : 978-2-14-004354-3

LE TRAVAIL, ENTRE PUBLIC, PRIVÉ ET INTIME
Comparaisons et enjeux internationaux du *care*
Coordonné par Aurélie Damamme, Helena Hirata et Pascale Molinier
De quoi la crise du care est-elle le nom ? De la crise des solidarités familiales ? De celle de l'État-providence ou encore du travail gratuit des femmes ? La perspective du *care* déplace les frontières entre le privé et le public, l'intime et le politique, la théorie et l'empirie. Cet ouvrage restitue l'effervescence actuelle des recherches sur le care. Il propose un regard pluriel, à partir d'enquêtes empiriques, sur le travail du *care* au Japon, au Brésil, en France, aux États-Unis, en Colombie, au Liban et en Argentine.
(Coll. Logiques sociales, 25.50 euros, 254 p.)
ISBN : 978-2-343-11672-3, ISBN EBOOK : 978-2-14-004336-9

LA LAÏCITÉ À L'ÉPREUVE DES IDENTITÉS
Enjeux professionnels et pédagogiques dans le champ éducatif et social
Sous la direction de Manuel Boucher
Dans un contexte de remise en cause de la laïcité de la part d'anti-mouvements culturels et politico-religieux, les éducateurs et pédagogues sont questionnés : doivent-ils réaffirmer la laïcité associée au modèle d'intégration républicain ou bien le réinventer en fonction de nouvelles réalités sociodémographiques et politiques ? Cet ouvrage tente de développer les capacités de réflexion et d'action des professionnels du champ social et éducatif, acteurs clés de l'émancipation laïque.
(Coll. Recherche et transformation sociale, 25.50 euros, 242 p.)
ISBN : 978-2-343-12641-8, ISBN EBOOK : 978-2-14-004282-9

LAÏCITÉ, ÉMANCIPATION ET TRAVAIL SOCIAL
Sous la direction de Guylain Chevrier
La laïcité, indissociable d'une liberté intime, se construit toujours dans un cadre collectif. Cette liberté, aucun professionnel de l'action éducative et sociale ne peut se dispenser de la penser. Peut-on grandir, évoluer et s'émanciper sans que soit garantie la liberté de conscience ? Sur cette question, l'ambition de cet ouvrage est double : convoquer la réflexion au sujet de la laïcité comme principe émancipateur, et fournir des outils à tout professionnel ou cadre du travail social désireux de penser sa pratique.
(Coll. Les Ecrits de BUC Ressources, 28.00 euros, 270 p.)
ISBN : 978-2-343-12358-5, ISBN EBOOK : 978-2-14-004107-5

VIEILLISSEMENT, VULNÉRABILITÉ ET ANIMATION SOCIALE
Sous la direction de Nicolas Combalbert et Sophie Rothé
Cet ouvrage collectif s'adresse principalement aux travailleurs sociaux, notamment aux animateurs sociaux et socioculturels, qui évoluent auprès de personnes âgées. Il traite du vieillissement normal et pathologique et plus particulièrement des personnes âgées en situation de perte d'autonomie ou de dépendance. Il vise à aider les acteurs de terrain, à ajuster leurs posture et pratique professionnelles, à interroger les limites de leur action dans un cadre institutionnel.
(Coll. Logiques sociales, 27.50 euros, 272 p.)
ISBN : 978-2-343-12561-9, ISBN EBOOK : 978-2-14-004214-0

POLITIQUES DE LA VIE
La Nature au prisme du social
Seguin Thomas
La définition de la nature de la vie, ainsi que de sa physionomie, est, en quelque sorte, l'objet même du politique et de sa décision. Si une société sait comprendre et respecter la vie en elle-même, elle saura établir un rapport compréhensif et équilibré avec les entités naturelles. La vie prise ainsi dans sa saisie intégrale induit l'élaboration d'une physique sociale qui pense les conditions de l'harmonie sociale ainsi que celles d'une société vivante.
(Coll. Logiques sociales, 22.50 euros, 222 p.)
ISBN : 978-2-343-11728-7, ISBN EBOOK : 978-2-14-004083-2

EMMANUEL MACRON... ET LES AUTRES
Les gagnants et les perdants d'une élection imprévisible
Saison 2
Pierrat Ghyslaine
Cet essai décrypte les figures politiques contemporaines au prisme de leur enfance : leurs atouts, leurs handicaps, et dévoile leurs secrets. Macron, Hulot, Juppé, Baroin, Bayrou, Hollande, Sarkozy, Hamon, Mélenchon, NKM, Fillon, Le Pen, Hidalgo, Valls, Le Maire, Taubira et tant d'autres, tous vous captiveront ! L'auteur prend également position sur la fonction modernisée du président, sa nouvelle présidentialité, le statut nécessaire de la Première dame de France. Elle conceptualise la notion de double médiatique et alerte sur ses dangers. Elle transmet aussi les valeurs à sauvegarder.
(22.00 euros, 350 p.)
ISBN : 978-2-343-12468-1, ISBN EBOOK : 978-2-14-004031-3

2016
Un, deux, trois, votez !
Leconte Jean-Pierre - Emef - Jipéhel
Une nouvelle fois, « La Plume » et « Le Crayon » ont décidé de se réunir pour commenter à leur façon, avec humour et une parfaite mauvaise foi, l'actualité politique de la France et du monde de l'année 2016, une année avant tout électorale. Entre les régionales, cantonales, européennes, les primaires de la droite, le référendum en Grande-Bretagne, les présidentielles aux États-Unis... il y avait du grain à moudre (multiples illustrations en couleur).
(31.00 euros, 278 p)
ISBN : 978-2-343-11325-8, ISBN EBOOK : 978-2-14-004024-5

À QUI LE POUVOIR ?
Ouvrage collectif sous la direction de Claude De Vos – Hommage à Jean-William Lapierre
La question de l'État est plus que jamais d'actualité. Les anciennes sociétés colonisées ont le plus grand mal à fonder des États stables et aptes à résister aux tensions et déchirements que suscitent leurs divisions ethniques, linguistiques ou religieuses. Les États constitués se trouvent quant à eux confrontés à la globalisation qui conduit à l'homogénéisation des modes de penser. Alors, dans l'état de crise économique, sociale et morale dans lequel vit aujourd'hui une grande partie de l'humanité, la politique et la démocratie ont-elles encore un avenir ?
(Coll. Des Hauts et Débats, 31.00 euros, 304 p.)
ISBN : 978-2-343-11950-2, ISBN EBOOK : 978-2-14-003878-5

LES AFFRES DE LA PHILANTHROPIE
Essai sur l'imaginaire, la dignité et la bêtise dans le monde globalisé
Nke Fridolin
Voici une exégèse critique du vécu historique nègre présentée à travers deux entrées privilégiées : l'humanitaire et la pitié. Tels sont les fondamentaux de l'humanisme abstrait contemporain, qui consiste à mystifier les autres acteurs de la scène internationale, en les asservissant par le recours à la force, en aveuglant leur intelligence. Le bilan humain est fort éloquent, ainsi qu'en témoignent les massacres perpétrés en Irak, en Côte d'Ivoire, en Libye, en Syrie...
(Coll. Émergences africaines, 22.50 euros, 224 p.)
ISBN : 978-2-343-12242-7, ISBN EBOOK : 978-2-14-003956-0

HISTOIRE ET CRITIQUE DU SYSTÈME CAPITALISTE-REPRÉSENTATIF
(Volume 1) Contre le capitalisme représentatif, la démocratie directe salariale
Toulouse Jean-Michel
Cet ouvrage, présenté en deux volumes, a pour ambition de montrer que les formes représentatives de la vie politique n'épuisent pas la capacité démocratique des peuples et que ceux-ci peuvent mettre en œuvre une démocratie citoyenne directe. Ce premier volume comprend une partie historique qui présente un certain nombre d'expériences vécues (de la démocratie athénienne des Ve et IVe siècles avant J.-C. jusqu'à la Commune de Paris de 1871), et une partie juridique qui expose les fondements du droit constitutionnel classique.
(Coll. Questions contemporaines, 39.00 euros, 414 p.)
ISBN : 978-2-343-11888-8, ISBN EBOOK : 978-2-14-003969-0

DÉMOCRATIE DIRECTE CITOYENNE : VERS UN NOUVEAU PARADIGME ?
(Volume 2) Contre le capitalisme représentatif, la démocratie directe salariale
Toulouse Jean-Michel
Ce second volume traite de la théorie générale de l'État, et sa critique « marxienne », des partis politiques, ces « enfants illégitimes » du système représentatif et du suffrage universel, et de la démocratie directe qu'il faut distinguer de la démocratie « participative », dernier avatar du dessaisissement des peuples. Enfin, il aborde la question de l'entreprise, dernier refuge de la monarchie aristocratique, et des Conseils, instruments politiques de la démocratie directe.
(Coll. Questions contemporaines, 39.00 euros, 416 p.)
ISBN : 978-2-343-11924-3, ISBN EBOOK : 978-2-14-004037-5

L'HARMATTAN ITALIA
Via Degli Artisti 15; 10124 Torino
harmattan.italia@gmail.com

L'HARMATTAN HONGRIE
Könyvesbolt ; Kossuth L. u. 14-16
1053 Budapest

L'HARMATTAN KINSHASA
185, avenue Nyangwe
Commune de Lingwala
Kinshasa, R.D. Congo
(00243) 998697603 ou (00243) 999229662

L'HARMATTAN CONGO
67, av. E. P. Lumumba
Bât. – Congo Pharmacie (Bib. Nat.)
BP2874 Brazzaville
harmattan.congo@yahoo.fr

L'HARMATTAN GUINÉE
Almamya Rue KA 028, en face
du restaurant Le Cèdre
OKB agency BP 3470 Conakry
(00224) 657 20 85 08 / 664 28 91 96
harmattanguinee@yahoo.fr

L'HARMATTAN MALI
Rue 73, Porte 536, Niamakoro,
Cité Unicef, Bamako
Tél. 00 (223) 20205724 / +(223) 76378082
poudiougopaul@yahoo.fr
pp.harmattan@gmail.com

L'HARMATTAN CAMEROUN
TSINGA/FECAFOOT
BP 11486 Yaoundé
699198028/675441949
harmattancam@yahoo.com

L'HARMATTAN CÔTE D'IVOIRE
Résidence Karl / cité des arts
Abidjan-Cocody 03 BP 1588 Abidjan 03
(00225) 05 77 87 31
etien_nda@yahoo.fr

L'HARMATTAN BURKINA
Penou Achille Some
Ouagadougou
(+226) 70 26 88 27

L'HARMATTAN SÉNÉGAL
10 VDN en face Mermoz, après le pont de Fann
BP 45034 Dakar Fann
33 825 98 58 / 33 860 9858
senharmattan@gmail.com / senlibraire@gmail.com
www.harmattansenegal.com

www.ingramcontent.com/pod-product-compliance
Lightning Source LLC
LaVergne TN
LVHW021210061026
849535LV00008B/2672
9782343143859